360 Grad

Über die Liebe, den Tod und
den Mut zum Weitermachen

Katharina Middendorf

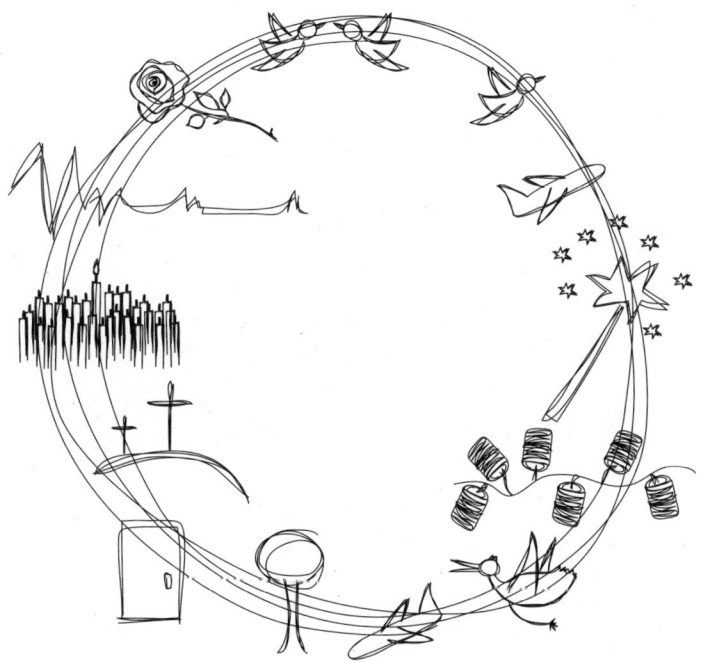

360 GRAD

Über die Liebe, den Tod und
den Mut zum Weitermachen

Theseus Verlag

© Theseus in J. Kamphausen Mediengruppe GmbH, Bielefeld 2017

Lektorat: Susanne Klein, Hamburg, kleinebrise.net
Gestaltung: Plex GmbH, Berlin, plexgroup.com
Illustrationen im Buch: Katharina Middendorf
Foto auf der Rückseite: © Ferhat Torpal
Druck & Verarbeitung: Westermann Druck Zwickau GmbH

www.weltinnenraum.de

1. Auflage 2017

Bibliografische Information der Deutschen Nationalbibliothek:
Die Deutsche Nationalbibliothek verzeichnet diese Publikation
in der Deutschen Nationalbibliografie; detaillierte bibliografische
Daten sind im Internet über http://dnb.d-nb.de abrufbar.

ISBN Print   978-3-95883-063-9
ISBN E-Book 978-3-95883-064-6

Dieses Buch wurde auf 100 % Altpapier gedruckt und ist
alterungsbeständig. Weitere Informationen hierzu finden Sie unter
www.weltinnenraum.de.

Für Lea und Naya

INHALT

VORWORT

Dieses Buch gibt einen Einblick in ein Leben, das durch große und dramatische Veränderungen geprägt ist. Es sind Veränderungen, die an die Randbereiche der in unserer westlichen Welt komfortablen Lebensweise gehen. Alles hier Erlebte schließt an vielen Stellen sichtbar den Tod mit ein. Der Tod ist ganz generell ein Grundmotiv des Lebens, und dies wurde mir in meinem persönlichen Leben schon recht früh deutlich. Dieser frühe Kontakt mit Vergänglichkeit und die für alle Menschen geltende Tatsache, dass der Tod im Leben unumgänglich ist, löst in der Regel zwei Dinge aus: die Vermeidung des Todes und auch die Konfrontation mit ihm, sei es im Kleinen, wenn wir etwas loslassen, oder im großen Sterben.

Der Tod zeigt sich in diesem Buch als eine der Hauptantriebsfedern für den Wunsch, im Leben frei zu werden. Mein Weg, diesem Wunsch, ob unbewusst oder bewusst, unaufhörlich zu folgen, hat mich aufgrund frühkindlicher Erlebnisse und den daraus resultierenden Verhaltensmustern immer begleitet, und das Leben hat dafür immer wieder extreme Ereignisse bereitgestellt.

Es sind die zwei Seiten einer Medaille: die Triebfeder der Dramatik im Innen und die Schicksalsereignisse im Außen.

Die extremen Ereignisse wiesen nicht nur oft den Weg hin zur Freiheit, sondern führten gleichzeitig auch dazu, dass ich vor der Freiheit weggelaufen bin. Ich versuchte dann die Leere immer wieder zu füllen, bis das Füllen an seine Grenzen stieß und sich immer öfter ein bodenloses Loch auftat, das nicht mehr geschlossen werden konnte. Und selbst dann hat die Angst wieder Mittel und Wege gefunden, um der einen unvermeidbaren Aufgabe auszuweichen: sich der Leere zu stellen, bis sich hinter der Leere und der Angst die Liebe und die Fülle – und damit die Freiheit – entfaltet.

Dieser duale Mechanismus, zum einen den positiven Antrieb zu spüren, alles zu riskieren, um Freiheit zu erleben, und zum anderen das Muster, durch das Drama extremer Vorfälle Leere zu füllen, führt zu dem primären Spannungsfeld auf dem hier beschriebenen Lebensweg.

Auf diesem Weg gab es kein einmaliges Transformationserlebnis, auf das ein „einmal gut, immer gut" folgte. Es gab immer wieder Drehungen, Wendungen und neue Etappen, und dieser Weg bildet keine Linie, sondern eine Spirale, in der ich immer wieder an ähnliche Punkte kam, die sich dann aber an einer höheren Stelle befanden.

Und so war das Einzige, was ich tun konnte, um zu wachsen, einfach nicht stehen zu bleiben. Jedes Weitergehen ist zwangsläufig ein Schritt weiter in der Selbsterfahrung. Und warum sollten wir sonst hier sein, wenn nicht, um uns selbst zu erfahren?

Ich habe lange überlegt, ob ich dieses Buch schreiben soll, ob ich mich auf den Drahtseilakt einlassen soll, über Vergangenes zu schreiben. Bei der Klärung dieser Frage beschäftigte mich auf der einen Seite das Problem, dass sich in der eigenen Erinnerung Ereignisse umso mehr verändern, je mehr Zeit vergeht, und dass sich auch die Haltung dazu ändert, je mehr Zeit vergeht. Ich hatte die Vorstellung, dass das Aufschreiben plötzlich etwas „in Stein meißeln" würde, was nicht in Stein gemeißelt gehört, und dass es für diejenigen unter den Lesern, die meine Geschichte auch betrifft, schwierig sein könnte, diesen „gemeißelten Stein" zu betrachten.

Wahrscheinlich schreiben Menschen auch deshalb oft erst Autobiografisches, wenn sie am Ende ihres Lebens angekommen sind. Nachdem ich das Buch mehrmals neu geschrieben habe, weil sich das Wesentliche darin einfach nicht einfangen ließ, habe ich mich schließlich dazu entschieden aufzuhören, es einfangen zu wollen. Und so sehe ich bereits jetzt nach Fertigstellung des Buches schon wieder viele Dinge mit anderen Augen und tatsächlich sogar auch mit einer anderen Erinnerung. Das bedeutet nicht, dass hier nicht die Wahrheit steht. Es gibt einfach nur so viele Wahrheiten.

Dass alles im Leben mehrere Seiten hat und viele Sichtweisen möglich sind, sollte für mich aber kein Grund sein, mich darum zu winden, eine Meinung zu haben. Stellung zu beziehen war ein wichtiger Aspekt im Entstehungsprozess dieses Buches und ist gleichsam auch ein wichtiger Grund dafür, wie ich mich entschieden habe zu leben: in der Weite der Möglichkeiten und in der Klarheit des Augenblicks.

Und so ist dieses Buch eine Ansammlung von Augenblicken – Augenblicken, die Weite zulassen sollen für Erschütterung, Kopfschütteln, Weinen, Freude, Irritation. Denn ich bin sicher, dass das, was die Leser alles fühlen und denken werden, an vielerlei Stellen auch in meinem Kopf und Herzen vorging und dass letztlich ohnehin immer die Gesamtheit von allem in etwas vorhanden ist. Nur habe ich damals im Moment des Erlebens eine bestimmte Sicht auf die Wirklichkeit gewählt und jetzt beim Schreiben möglicherweise eine etwas andere. Und dabei habe ich gelernt, dass es darauf ankommen kann, welche Wirklichkeit man wählt, um für sich Sinn zu erlangen. Eine gute Freundin sagte einmal zu mir auf die Frage, woran ich die richtige Entscheidung spüren könne: daran, dass sie für alle zuträglich ist.

Ich hatte da nicht sofort verstanden, was damit gemeint sein könnte, denn meine Freundin ist ein sehr weiser und differenziert denkender Mensch und würde mir sicherlich nicht vorschlagen, den Weg des geringsten Widerstands zu gehen. Ich habe es für mich so interpretiert, dass ich bei meinen Entscheidungen alles mitdenken und jeden bedenken soll und mich erst dann entscheide, wenn ich um die Konsequenzen weiß. Dazu gehört auch, überhaupt darum zu wissen, dass ich als Mensch Entscheidungen treffen muss. Und ich kann diese nicht für andere treffen, aber kann andere dabei im Herzen haben, ob sie subjektiv darunter leiden werden oder nicht. Was ich auf diesem Weg erfahren habe, ist, dass ich, egal welche Entscheidung ich getroffen habe, immer damit leben und sogar wachsen konnte, wenn ich dabei alles in mein Herz mit eingeschlossen habe. Ob ich diese Entscheidung dann im Nachhinein noch einmal so getroffen hätte oder nicht, spielt dabei keine Rolle.

Und vor diesem Hintergrund konnte ich mich entschließen, eine Geschichte aufzuschreiben, die eigentlich nicht in Worte zu fassen ist.

Ein weiterer Grund, der mich immer wieder zögern ließ, dieses Buch zu schreiben, war die Frage nach dem Warum. Und es kann viele Gründe geben, warum man ein Buch schreiben will: Anerkennung, eigene Verarbeitung, Hilfestellung geben, Freude am Schreiben, Egozentrik, Talent und noch vieles mehr. Ich habe viele autobiografische Bücher gelesen, die alle diese Beweggründe mehr oder weniger berührten. Und so musste ich mich mit dieser Frage beschäftigen, denn ich wollte kein Buch schreiben, von dem ich nicht genau wusste, warum ich es schreibe. Zunächst schrieb ich es für die eigene Verarbeitung. Diese Entwürfe sind mittlerweile gelöscht bzw. stark überarbeitet. Die folgenden Versionen galten dem Versuch, Hilfestellung zu geben. Dabei verlor die Geschichte ihre Kraft und die Bilder verblassten hinter der gut gemeinten Anstrengung der Erklärung. Auch diese Entwürfe sind mittlerweile nicht mehr da. Zu guter Letzt bin ich wieder dahin zurückgekehrt, wo ich am Anfang gestartet war: zu meiner Geschichte. Doch mit den gescheiterten Versuchen im Hintergrund und dem zeitlichen Abstand bin ich an den Punkt gelangt, diese meine Geschichte zu einer Geschichte zu machen. Es ist eine Geschichte von vielen, und sie dient dazu zu zeigen, dass, auch wenn jedem Menschen im Laufe des Lebens die eigenartigsten Dinge passieren, es darum geht weiterzugehen, mutig nach vorne zu gehen, dem eigenen Stern nach. Es geht darum, sich nicht entmutigen zu lassen von den Turbulenzen des Lebens, sondern das zu tun, was wir tief im Inneren vielleicht manchmal als unsere Pflicht spüren können: die Dinge zu nehmen, wie sie sind, das Beste daraus zu machen und zu wissen, dass, selbst wenn wir am Boden sind, auch das nur ein kleiner Ausschnitt einer viel größeren Geschichte ist.

Und diese Geschichte heißt „Leben".

PROLOG

Mallorca, Sommerurlaub 1984

Das Badezimmer ist voller Blut. Mein Vater übergibt sich und Teile seiner Organe abwechselnd der Toilettenschüssel und dem Waschbecken. Ich bin sechs Jahre alt und allein mit meinem sterbenden Vater auf Mallorca im Hotelzimmer. Draußen sind es 35 Grad Celsius und Sonnenschein.

Ich muss um Hilfe gerufen haben, denn ein paar Stunden später sitze ich neben einer netten Stewardess der TUI im Flieger und werde mit Merchandising überhäuft. Mein Vater ist in der Zeit vermutlich schon im OP, wo er gerade stirbt.

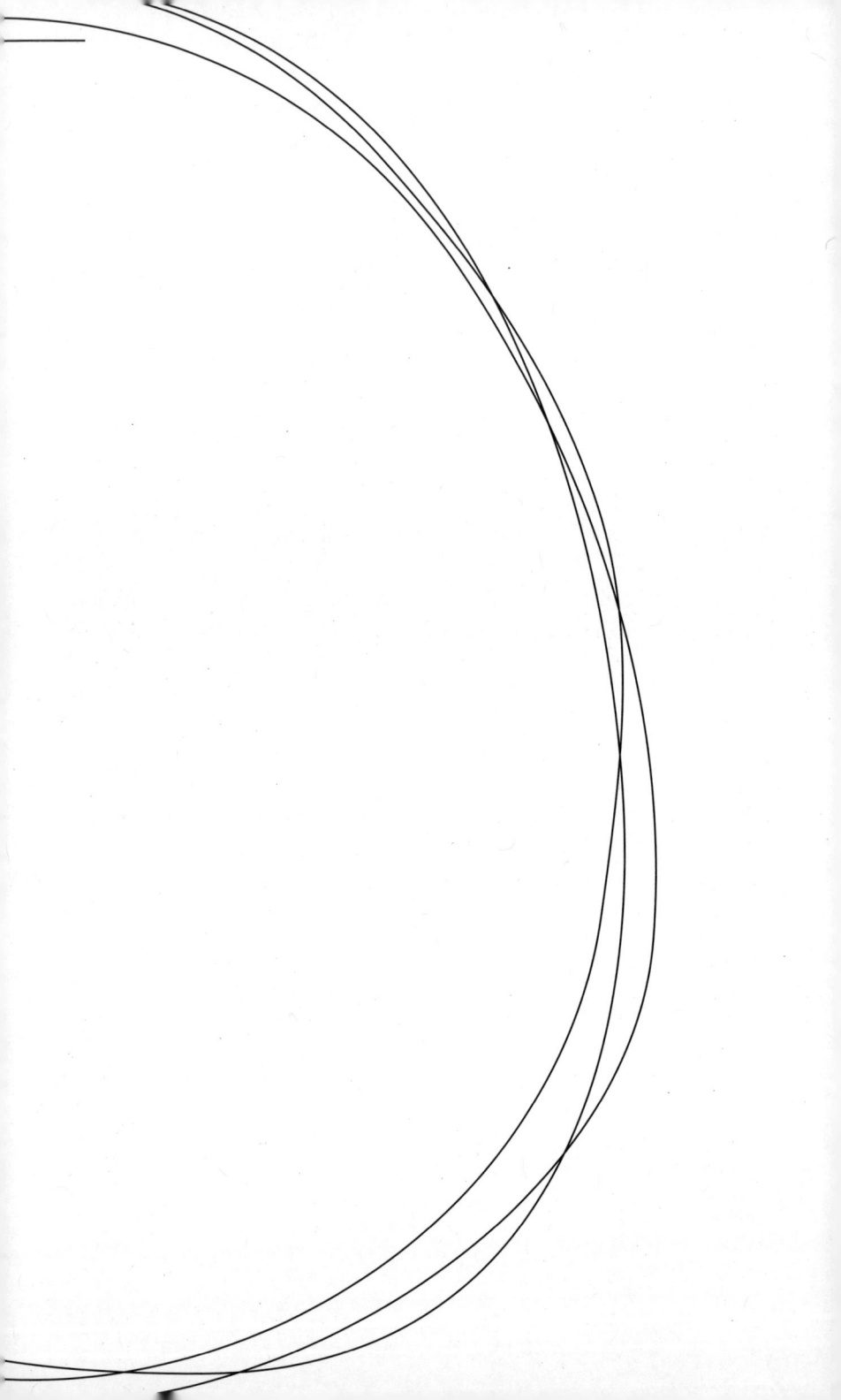

180 GRAD /1

There are three things I do when my life falls apart
Number one I cry my eyes out and I dry up my heart
Not until I do this will my new life start
So that's the first thing that I do when my life falls apart.[1]

Jason Mraz[2]

BESTIMMUNG

Darüber, dass das Neue erst dann spürbar werden kann,
wenn man die Schutzmauern der Gewohnheit verlässt.

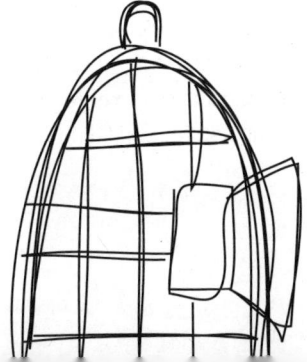

„Glaubst du, dass wir füreinander bestimmt sind?"

So beginnt meine Geschichte – mit einer Frage, die jeder Beziehung zwangsläufig das Genick brechen muss. Und diese Frage passt eigentlich auch ganz gut zu meinem Charakter und meinem Streben nach Wahrhaftigkeit. Bis dahin waren die Folgen meiner Authentizitätssuche eigentlich immer gut abgefedert geblieben, doch zum Zeitpunkt dieser Frage war ich nicht mehr drei, 15 oder 24 Jahre alt, sondern ich ging auf die 30 zu, lebte seit Jahren in einer festen Beziehung und hatte mir in einer schwer umkämpften Branche eine wirklich gute Stellung als Kreativdirektorin aufgebaut. Alles war eigentlich gut, geradezu perfekt, wie auf Schienen. Auch die Beziehung verlief harmonisch und zugewandt, meistens, und erregte zumindest bei niemandem, nicht einmal bei uns selbst, den Verdacht auf Trennungspotenzial.

Nach außen wirke ich wie ein recht geerdeter Mensch, der sein Leben sehr geradlinig lebt, trotz erschwerter Startbedingungen wie etwa den Alkoholismus meines Vaters und sein früher Tod. Ich hatte eigentlich immer ein gutes Leben, auch wenn wir zwei oder drei Mal umgezogen sind und das schwierig für mich war. Selbst meine Magersucht mit 15 würde ich noch unter „durchaus gängig" verbuchen, denn schließlich ging ich nie unter die Verhungerungslinie. Ich begab mich in Therapie und kriegte mein Leben mit Studium, Freunden und Beziehungen gut auf die Reihe. Es fiel auch gar nicht weiter auf – weder mir noch den anderen –, denn es waren die 90er-Jahre des Modelzeitalters und da war es angesagt, sehr dünn zu sein.

Doch was niemand merken konnte, war mein ungeheurer innerer Drang nach Selbsterkenntnis, Selbsterforschung oder wie man es auch immer nennen mag, wenn man sich die ganze Zeit selbst beobachtet und sich ständig fragt, ob das, was man fühlt, denkt und macht, richtig ist, weil man überzeugt ist, dass es das eine Richtige gibt für jeden Menschen, einen Plan, den man im Leben zu erfüllen hat. Und weil man diesen Weg gehen und sich nicht in Bequemlichkeit verstecken möchte vor dieser einen Bestimmung. Das sind große Worte, und ob diese Sichtweise tatsächlich so ehrenwert ist, wie ich zu vielen Zeiten meines Lebens annahm, soll hier mal dahingestellt bleiben.

„Glaubst du, dass wir füreinander bestimmt sind?"
„Was meinst du?"
„Na, glaubst du, dass wir füreinander bestimmt sind?"
„..."
„..."

Zum Zeitpunkt der Frage hatte jedenfalls dieser Mechanismus die Führung übernommen, denn der Impuls, die Frage zu unterdrücken, hatte gegen die Wucht des Ausbruchs keine Chance. Während die Worte aus mir strömten, wurde alles um mich und uns herum ganz ruhig und still wie in einem Film, in dem eine Kugel langsam auf das Gegenüber zufliegt und der Zuschauer alles in Zeitlupe sieht. Ich hatte abgefeuert und beobachtete mein Gegenüber. Im Moment des Einschlags herrschte für einen kurzen Moment Überraschung und dann kam eine recht desinteressierte Nachfrage, was denn damit gemeint sei. Ich war froh über das vermeintliche Übergehen des Elefanten im Raum und wir verbrachten noch einen schönen Urlaub zusammen.

Kommt so eine Frage wirklich aus dem Nichts? In den nächsten Wochen hatte ich Zeit, darüber nachzudenken und dabei zu merken, dass ich die Beziehung schon lange nicht mehr wirklich als meinen Weg sah. Das Ungerechte war nur, dass ich das so gar nicht formulieren konnte, weder für mich noch für meinen Partner. Denn das, was da in mir vorging, hatte eigentlich gar nichts mit meinem Partner oder unserer Beziehung zu tun, sondern ganz allein mit mir und meinem Leben. Ich würde es fast eine verfrühte Midlife-Crisis nennen, in der man alles Erstrebte erst einmal erreicht hat und sich fragt: Und nun?

„Glaubst du, dass wir füreinander bestimmt sind?"
    Weil ich selbst auf diese Frage überhaupt keine Antwort hatte, wollte ich von ihm eine Antwort und zerstörte damit alles, was im Weg war, um für das Neue, was immer das auch sein sollte, Platz zu schaffen.

Und so saß ich zwei Monate nach der Frage, auf deren Beantwortung sich eigentlich keiner von uns je richtig eingelassen hatte, in einer eigenen

Wohnung und schaute auf die Scherben meines Lebens, die jetzt ganz klar vor mir zu liegen schienen. Ich war 29, Single und hatte keine Ahnung, was ich mit meinem Leben machen sollte. Das veranlasste mich zunächst dazu, die Scherben zusammenkleben zu wollen und alles wieder rückgängig zu machen. Plötzlich kam mir die Idee, zu heiraten und Kinder zu kriegen und die Zweifel darauf zu schieben, dass wir diesen Schritt nicht gegangen waren. Doch dieses Mal blieben die Scherben liegen, und meine Handlungen, die bislang immer liebend aufgenommen worden waren, blieben, was sie waren: Zerstörung.

Ich geriet in Panik und spürte nichts mehr von meinem anfänglichen Selbstbewusstsein und Schaffensdrang, der die Trennung maßgeblich initiiert und vorangetrieben hatte. Jeder Schritt der Auflösung hatte sich sehr kraftvoll und gut angefühlt, weil endlich etwas passierte. Ich war hungrig nach dem Leben, nach Veränderung, nach Vollgas. Doch kaum war die Waschmaschine angeschlossen und das Bett in der neuen Wohnung aufgebaut, kamen die große Leere und die Vermutung, dass ich mich da in eine ganz schöne Sackgasse manövriert hatte. Die Leere füllte ich mit Versuchen, alles wieder zurückzuerobern, und ich verlor mich in Träumen über eine romantische Neuzusammenführung und die Fortsetzung unserer Beziehung. Die zweifelnden und nagenden Gefühle der letzten Monate oder Jahre waren wie weggeblasen. Dieses Mal war ich allerdings gründlich gewesen und hatte durch die Wohnungsauflösung Bedingungen geschaffen, die erst einmal nicht so einfach auf Anfang zu stellen waren. Darüber hinaus hatte ich viel zu viele Zweifel tatsächlich ausgesprochen, sodass diese begannen, Realität zu werden.

Ich ging oft zum Yogaunterricht, mit dem ich während meines Marathontrainings begonnen hatte. Mit dem Laufen hörte ich allmählich auf, weil ich nicht mehr davonrennen musste, weil ich ausgebrochen war. Mir wurde immer klarer, dass ich nicht länger vor mir selbst davonlaufen konnte. Ich hatte Bedingungen für einen Neuanfang geschaffen, der jetzt nur noch kommen musste. Ganz naiv vertraute ich darauf, dass er auch bald kommen würde, und kam gar nicht auf die Idee, selbst aktiv zu werden. Ich fand, dass das Abbrechen von Altem genug Aktion gewesen war, und wollte nun einfach gefunden werden vom Neuen, von meiner Bestimmung. Also ging ich weiter zur Arbeit und zum Yoga und versuchte mich in meiner neuen Wohnung gemütlich einzurichten.

Was mir zu diesem Zeitpunkt zum ersten Mal richtig bewusst wurde, war, dass meine Handlungen tatsächlich Konsequenzen haben. Ich merkte, dass ich mitten in der Handlung selbst zwar um die Konsequenzen wissen kann, aber dabei von einem derart starken Impuls getrieben werde, dass dieser unglaublich viel Kraft freisetzt und sich verselbstständigt. Damals konnte ich noch nicht erahnen, dass das Schaffen von Raum nicht direkt in die Freiheit führt, sondern erst einmal den Verlust jeglichen Halts im Außen bedeutet. Zu dieser grenzenlosen Weite kann man sich zwar auf einer bestimmten Ebene in gewissen Momenten bereit fühlen, aber die Tragweite dessen zu verstehen erfordert oft mehr Reife, als man zu dem Zeitpunkt besitzt. Das wurde mir unter der Oberfläche der Einsamkeit klar und ich merkte, dass ich nun nachträglich in den Reifeprozess eintreten musste und dass dieser Prozess wenig mit Erwachsenwerden im üblichen Sinne zu tun haben würde, sondern damit zu lernen, das innere Kind in mir zu führen und mich weder von seinen Impulshandlungen leiten zu lassen noch mich von seiner inneren Einsamkeit hinreißen zu lassen.

Doch all das waren zu diesem Zeitpunkt noch keine klaren Gedanken, sondern eher unter der Haut pulsierende Gefühle, die sich langsam ihren Weg ins Bewusstsein bahnten. Es geschah langsam, denn ich verfügte noch über keinerlei Möglichkeiten, mit diesen Einsichten umzugehen. Sie kamen also in kleinen Portionen. So erlebe ich es oft in meinem Leben: Zum einen ist da eine wohlwollende, ordnende Kraft, die nur so viel Erkenntnis weitergibt, wie ich im Moment annehmen kann und zum anderen macht sich das gesamte, unter der Oberfläche schon präsente Wissen bemerkbar und drängt danach, erfahren zu werden. Dieses Kräftespiel sorgt in meinem Leben immer wieder für Unruhe – eine Unruhe, die durch Handlungen, egal welcher Art, nachlässt, sodass ich wieder ruhiger werde. Deshalb fallen mir große Veränderungen nicht schwer, denn ich spüre dann für einen kurzen Moment einen Anflug tiefer Stille. Das ist für mich ein Hinweis darauf, warum mein Leben bisher ein so unglaubliches Tempo hatte und ich mit dramatischen existenziellen Fragen konfrontiert war. Ich bin damit gefordert, mich dem Thema der Stille auf besondere Weise zu stellen: nachhaltig, entspannt und mitfühlend mit mir selbst und anderen. Es geht darum, Wege in die Stille zu finden, die jenseits der Handlungseuphorie, des Schocks, des Traumas oder der gesamten Zerstörung liegen, also die Stille in der Harmonie zu erfahren, in der Liebe, im Jetzt.

Ich fühlte, dass ich auf dem Weg war, aber ich hatte keine Ahnung, wie der verlaufen sollte. Also wartete ich innerlich, während ich äußerlich offen auf alles zuging, was sich an Möglichkeiten bot. Bei genauerem Hinsehen brachten all diese Möglichkeiten keine wirkliche Veränderung im Sinne meines Weges, so wie ich ihn erahnte, sondern einfach nur jeweils eine andere Version meines bisherigen Lebens. Ein anderer Partner, ein anderer Job, eine andere Stadt – nein, darum ging es mir nicht. Ich wartete auf etwas Allumfassenderes, auf einen Ausstieg, auf eine neue Perspektive.

Im Nachhinein bin ich unheimlich froh, dass ich gar nicht wusste, dass ich wartete. Denn wie wahrscheinlich wäre es gewesen, dass so etwas eintritt? Und wie wahrscheinlich wäre es daher gewesen, dass ich mit dem Warten aufgehört hätte? Ich war einfach ganz sicher, dass sich aus der Leere etwas ergeben muss, was es rechtfertigte, in die Leere gegangen zu sein. Und mit dieser kindlichen Gewissheit traf ich dann, nur einen Wimpernschlag von zwei Monaten später, auf Julian.

SILBERTABLETT

Über die Geschenke, die kommen, wenn man seinem
Wunschzettel des Lebens wieder Aufmerksamkeit schenkt.

Als er mich fragte, ob ich mit ihm kommen wolle, gab es nur eine Antwort. Ich war selten in meinem Leben so klar. Jenseits aller Vernunft sagte ich immer und immer wieder Ja, als gäbe es gar kein Nein. Seine Frage war wie ein Silbertablett, das man mir vorhielt, nachdem ich vor Kurzem erst aus meinem goldenen Käfig geflohen war. Zwischen dem goldenen Käfig und dem Silbertablett lagen nur ein paar Yogastunden, ein paar Kinobesuche und mein 30. Geburtstag.

Ein paar Wochen nach der Trennung von meinem langjährigen Partner, meinem Auszug aus der gemeinsamen Wohnung und dem Anschließen der Waschmaschine fuhr ich zu einem Yogawochenende ins Umland. Ich saß in meinem Auto und hielt mich mit beiden Händen am Lenkrad fest, denn es war so stürmisch draußen, dass ich kaum die Kontrolle über den Wagen hatte. Ähnlich sah es in meinem Inneren aus. Ich hielt an der Hoffnung fest, wieder in mein altes Leben zurückkehren zu können, während draußen der Sturm des sich anbahnenden Neubeginns bereits tobte. Doch mit jedem Kilometer, den ich aus der Stadt hinausfuhr, wurde die Traurigkeit über das Vergangene weniger, die Angst vor dem Ungewissen kleiner und das Gefühl, das Richtige zu tun, größer.

Als ich das Seminarhaus betrat, begrüßte mich Julian, der Yogalehrer, fröhlich, überrascht und sehr herzlich. Ich war ein wenig verunsichert über so viel Freude über mein Dasein. Später sagte er mir, dass er sich schon in den Yogastunden sehr zu mir hingezogen gefühlt habe und dass er, als ich bei dem Wochenende auftauchte, froh gewesen sei, mich besser kennenlernen zu können.

Ich hingegen verbrachte das Wochenende damit, mein Alleinsein genießen zu lernen, denn es fühlte sich gar nicht so schlimm an, wie ich es befürchtet hatte, sondern vielmehr wie eine Wohltat. Es ist schon verwunderlich, wie die Angst sich manchmal genau vor die Dinge stellt, die einem eigentlich sehr liegen und guttun. Die große Angst vor dem Alleinsein, ohne Partner, Freunde, meine Wohnung und all dem, was mir Halt gab, war also nur ein großes Schreckgespenst gewesen, das mir einredete, die Reise zu mir selbst besser nicht anzutreten. Zum ersten Mal in den hektischen letzten Monaten der Trennung, des Aufbruchs, der vielen Arbeit hatte ich

Zeit, intensiv Yoga zu praktizieren – nicht zwischen Tür und Angel, sondern ganz ausschließlich.

Kaum schreibe ich diese Worte nieder, meldet sich die kritische Stimme in meinem Kopf und beginnt zu flüstern: „Dann war Yoga dein Ersatz für die Dinge, die dich sonst vom Alleinsein abhielten. Du warst also gar nicht richtig allein, sondern beschäftigt mit Yoga." Diese Stimme kenne ich gut. Sie kommt meistens unmittelbar nach einer positiven Erkenntnis über mich selbst. Wie ein Haar in der Suppe legt sie sich auf die gerade erst gewonnene Freude über mich selbst. Ich habe viele Möglichkeiten ausprobiert, dieser Stimme zu begegnen. Lange habe ich ihr geglaubt und nach ihr gehandelt. Ich habe mich abgewertet und weiter versucht ihre Zustimmung zu erhalten, indem ich noch mehr geleistet und noch mehr gegeben habe, um diese hohen Ansprüche zu erfüllen. Doch liefen diese Bemühungen stets ins Leere, da sich hinter der Stimme gar kein Ansporn verbarg, sondern einfach nur die grausame Lust an der Macht über mein Wohlbefinden. Als ich das allmählich merkte, begann ich die Stimme zu ignorieren. Doch das fühlte sich zunächst an wie weglaufen, weil ich sie weit hinten immer noch hören konnte. Dann nahm ich meinen Mut zusammen, wurde trotzig und stellte mich ihr entgegen: „Wenn ich mit dem Rauchen aufhöre und stattdessen Süßigkeiten esse, ist das immer noch besser als Rauchen. Und so ist Yoga, wenn auch vielleicht eine Ersatzdroge gegen meine Einsamkeit, immer noch besser, als einer Beziehung nachzurennen, die keinen je richtig glücklich machen wird." Trotz und Wut machten mich so für kurze Zeit stark und halfen mir, mich der Angst entgegenzustellen. Dabei war ich aber immer noch gefangen, gefangen im Gegenargument, in der Diskussion, und das gab der Angst Kraft, gerade weil ich versuchte, ihr diese zu nehmen. Also ging ich dazu über, mich mehr mit mir selbst zu beschäftigen als mit der Stimme. Ich ließ sie sozusagen unangetastet und setzte meinen Fokus einfach um. Das war etwas anderes als das anfängliche Ignorieren, denn es ging gegen niemanden, sondern war für etwas. Ich begann mich für mich selbst einzusetzen.

An diesem Wochenende bedeutete das, dass ich die Zeiten genoss, in denen ich spürte, dass ich Kraft habe, dass ich flexibel bin, dass ich still sein kann.

Ich entdeckte neue Seiten an mir oder nahm vielmehr Seiten an mir wahr, für die sonst kein Raum gewesen war und die ich mir nicht zugetraut hätte. Und das machte mich offen und weich, so offen, dass ich nicht nur anfing, mich selbst anzusehen, sondern auch die anderen um mich herum. Gespräche wurden möglich, die zu Hause nie möglich gewesen wären. Verbundenheit entstand, die zu Hause einer Erklärung bedurft hätte. Diese Offenheit verwunderte mich. Besonders wunderte ich mich über Julian, der so gar nicht einzuordnen war und sich mir mit einer Verbindlichkeit widmete, die mich irritierte, denn in ihr lag nichts Sexuelles, nichts Wollendes, nichts Darstellerisches. Und diese Antennen funktionieren bei mir seit jeher sehr gut: Wenn jemand etwas von mir will und das als etwas anderes tarnt, setzen Abwehrinstinkte ein, die ich schon als Kind früh aktivieren musste, wenn mein Vater Nähe bei mir suchte, die ich nicht geben wollte, weil ich spürte, dass es nur darum ging, seine Leere zu füllen, und nicht darum, mir nah zu sein. Nichts von dem war hier spürbar. Ich war verbunden und frei und Julian ein Mensch, der das anscheinend ebenso konnte und lebte wie ich. Das ließ mich weiter offenbleiben für diesen Menschen, der weinen konnte wie ein Kind und lachen wie ein Irrer.

Während einer abendlichen Unterrichtsstunde las der Yogalehrer eine Textstelle aus einer alten indischen Schrift vor, in der es darum ging, dass die Hauptperson in einen Kampf ziehen muss, bei dem auf beiden Seiten Verwandte und geliebte Menschen stehen. Der Held verzweifelt über den inneren Konflikt, handeln zu müssen und doch zu wissen, dass er, egal für welche Seite er sich entscheidet, jemanden aus seiner Familie wird töten müssen.[3] Damals verstand ich nicht viel von der Geschichte und auch nicht von ihrer Bedeutung, aber ich sah zum ersten Mal in meinem Leben einen Mann einfach weinen. Der Lehrer weinte, weil ihn das sehr bewegte, was er da las, was Menschen erleben müssen. Er war erschüttert über die inneren Konflikte und die Komplexität der Welt. Er weinte nicht um sich, und das irritierte mich zutiefst. Das kannte ich bisher nur von mir, und selbst mir hatte ich solche Gefühlsregungen der scheinbar unspezifischen Art in der Öffentlichkeit noch nicht gestattet. Und dieser Mann saß da einfach so und weinte still, während er sprach, und dabei schloss er uns alle mit ein. Er erklärte sich nicht, entschuldigte sich nicht, spielte nichts herunter.

Irgendwann hörte er auf zu weinen und die Stunde war zu Ende. In diesem Moment wurde der Yogalehrer für mich zu einem Menschen, der mich berührte und mich irritierte. Er wurde für mich zu Julian.

Als ich nach Hause fuhr, war mir klar, dass ich gerne weiter Unterricht bei ihm nehmen möchte, und er bot mir ein paar Privatstunden an, die ich nach kurzem Überlegen annahm. Es war schön, mich und meinen Wunsch, Yoga intensiv zu lernen, ernst zu nehmen und mich auf Einzelstunden einzulassen, was ich bis zu dem Zeitpunkt in meinem Leben noch nicht getan hatte. Ich hatte mein Geld eher in Äußerlichkeiten wie Kleidung, Möbel, Urlaube gesteckt und nicht in meinen inneren Wachstumsprozess. Recht sorglos oder überheblich hatte ich gedacht, dass „das Wachstum" wohl schon von allein stattfinden würde. In dem Moment aber, als ich zum Yogawochenende fuhr, und auch dann, als ich die Privatstunden buchte, tat ich zum ersten Mal seit Langem tatsächlich etwas für mich. Das war ein großes Gefühl und auch ein großer Schritt, denn ich hatte bis dahin eine Art entwickelt, mich über Leistung zu definieren, um Aufmerksamkeit zu bekommen für das, was ich alles für andere tat oder was ich überhaupt alles tat. Ich wollte um jeden Preis vermeiden, dass jemand dachte, dass ich etwas nur für mich machte. Etwas für sich selbst zu tun galt in meiner Welt als egozentrisch. Wenn andere sich um sich kümmerten, bewunderte ich das immer sehr, und ich umgab mich mit Menschen, die einen natürlichen Zugang zur Selbstliebe hatten. Meine Selbstliebe war allerdings immer eher von einem Leistungs- und Belohnungssystem geprägt. Zum Beispiel ging ich bereits als 15-Jährige erst anderthalb Stunden joggen, um mir dann einen gemütlichen Fernsehabend gönnen zu können. Wäre ich nicht gelaufen, hätte ich in meinen Augen einen Fernsehabend nicht verdient gehabt. Oder ich verzichtete bei meinem Auslandsjahr in Italien drei Wochen lang auf den morgendlichen Cappuccino und aß nur Kekse, um mir dann bei einem Ausflug nach Florenz Kleidung kaufen zu können. Es war nicht so, dass ich kein Geld dafür gehabt hätte, sondern es ging wirklich darum, dass ich mir Dinge für mich nur leisten durfte, wenn ich vorher etwas dafür getan hatte. Mir „einfach so" etwas zu schenken, das war mir nicht möglich. Ich fühlte mich in dieser Lebensphase, die ungefähr mit 15 begann und mit dem Studium ausklang, nicht wohl und versuchte das zu ändern, zum Beispiel indem ich mich wie gesagt mit Menschen umgab, die gut für sich sorgen konnten und sich selbst wertschätzten. Dieser Impuls, der sich erst später als ein innewohnender Rettungsanker zeigte, ist etwas, das mich durch mein Leben begleitet und dessen Präsenz, wenn auch nicht immer direkt erkennbar, dafür sorgt, dass ich geführt bin. Und mit zunehmender Menschenkenntnis habe ich das Gefühl, dass dieser Selbsterhaltungstrieb der Seele etwas ist, das uns allen innewohnt, und dass man diesen Trieb einfach nur nicht zu sehr durch „Lebenskorsette" einengen darf. Also war meine Aufgabe nun, solange ich noch keinen natürlichen Zugang zu dem Schönen und Gesunden in mir hatte, dafür zu sorgen, Lebenskorsette zu sprengen in der Hoffnung, aber auch in der tiefsten Überzeugung, dass darunter etwas verborgen liegt, was dann aufstehen wird, wenn drumherum alles zusammenbricht.

Ich hatte in Sachen Selbstliebe die beste Lehrerin, ohne es richtig zu wissen. Meine Mitbewohnerin während des Studiums zeigte mir, wie man es sich schön macht. Ich schaute genau hin, wenn sie sich die Nägel lackierte, sich einen Tee zubereitete oder unsere Katze kraulte. Bei mir kamen diese Dinge nicht oder nur selten natürlich. Ich musste dafür Kopfarbeit leisten, musste mich erinnern, was ich bei meiner Freundin gesehen hatte, und mich mit dem Gefühl verbinden, von dem ich dachte, dass sie es fühlte, und dann still werden und aus mir heraus etwas Ähnliches erschaffen. Ein recht mühsamer Prozess, der sich aber in vielen Dingen sehr gelohnt hat, weil ich Techniken erlernt habe, wie ich meinen Selbstwert spüre.

Zu diesem Zeitpunkt gab es in meinem Leben keine Spiritualität und keine Bewusstseinsliteratur, und trotzdem tat ich etwas Essenzielles auf meinem Weg: Ich beobachtete innere Prozesse, erkannte, welche zuträglich waren, und suchte mir dafür einen Lehrer.

Doch weil es dafür keinen Namen gab und wohl niemand Nägellackieren als eine Handlung der Selbstliebe anerkannt hätte, teilte ich meine Suche und mein Finden mit niemandem.

An einem Montagmorgen nach dem Yogawochenende klingelte ich um sieben Uhr bei meinem Yogalehrer zu meiner ersten privaten Stunde. Das fühlte sich alles so neu an. Die durchweinten Nächte wegen meines Beziehungsaus lagen nun seit einer Woche hinter mir, das neue Jahr hatte begonnen und ich fühlte mich recht selbstbestimmt in meinem Leben. Nach anfänglicher Traurigkeit und Kämpfen merkte ich, wie gut es auch war, machen zu können, was man wollte. Ich genoss mein großes Bett und den Geruch meiner Wohnung, das abendliche Lesen und das Einfach-Schauen, worauf ich Lust hatte. Ich merkte, wie sehr ich mich immer nach dem gerichtet hatte, von dem ich dachte, dass es für die Partnerschaft wichtig sei, und ich immer gefragt hatte, was der andere denn machen wolle. Was auf den ersten Blick sehr zugewandt klingt, war in Wahrheit das Weglaufen vor mir selbst und meinen eigenen Wünschen. So war das Alleinsein nach einem schmerzhaften Aufprall plötzlich gar nicht mehr so schrecklich, im Gegenteil – mir gefiel es, einfach die Sachen zu machen, auf die ich Lust hatte; und mir gefielen meine spontanen Einfälle und mein Rhythmus.

Ich zog mich im Badezimmer um und ging dann in den Yogaraum. Ich fühlte mich in dieser Wohnung, in diesem Badezimmer seltsamerweise direkt sehr wohl, als sei mir alles vertraut.

Die Stunde begann mit ein paar Aufwärmübungen. Ich konnte meinen Schweiß riechen und hoffte, dass er ihn nicht wahrnahm, denn ich hatte noch nicht geduscht und er hingegen roch so frisch, als sei er eben mitten im Winter von einem Frühlingsspaziergang zurückgekehrt. Daran erinnere ich mich noch sehr genau, denn das war einer meiner letzten Gedanken, bevor ich in einen Zustand verfiel, der außerhalb des Denkens lag. Als die Sonnengrüße begannen, war der Raum voller Stille und Schönheit. Ich war wie in Trance, ein Gefühl, das ich schon aus dem Yogakurs kannte, aber dort blieb ich immer noch eine klein wenig abgelenkt durch die Musik oder die anderen Schüler im Raum. Doch hier, jetzt, drangen irgendwann nicht einmal mehr seine Ansagen zu mir durch, sondern ich tauchte ab in einen Raum, der sich jeglichem Konkreten entzog und dennoch konkreter nicht sein konnte. Julian stand hinter mir und sah mich. Er sah mich ganz und ich zeigte mich ganz.

. Es ging für einen Moment der Himmel auf und wir standen in einem Raum voller Licht, Klarheit und Zukunft. Ich spürte, dass ich nicht dagegen ankämpfte, sondern es zuließ und mich ganz zeigte und so ganz gesehen wurde.

In diesem Moment wurde Julian für mich zu einem Menschen, der in mein Leben gehörte und mit dem ich etwas Wichtiges teilen würde. Es war ein stillschweigendes Einverständnis über uns selbst, unsere Wünsche und unsere Schwächen und der unbändige Wunsch, uns im Leben einzulassen, auf uns selbst, die Menschen und das Leben.

Als sich die Sonnengrüße dem Ende zuneigten und der Himmel sich wieder geschlossen hatte, wagte ich es kaum, ihn anzusehen, und ignorierte das, was da eben geschehen war, weil ich es in keinster Weise einordnen konnte. Hatte ich mich verliebt? Ich überlegte und versuchte mich zu erinnern, wie sich Verliebtsein anfühlt. Doch das war es nicht. Verliebtsein ist ein aufgeregtes Gefühl, bei dem man sich in positiver Unruhe befindet und eher unklar ist in seiner Wahrnehmung und Konzentrationsfähigkeit. Doch als ich in mich hineinspürte, war da nur Ruhe. Ich suchte regelrecht nach einem Gefühl der Aufregung, des Bangens, der Hoffnung, der Befürchtung, der Lust, der Schmetterlinge. Doch ich fand nichts außer Stille.

Ein bisschen wie ferngesteuert zog ich mich im Badezimmer um und ließ meinen Blick erneut durch den Raum schweifen. Und wie schon vor der Stunde fühlte ich hier in diesem Raum eine seltsame Vertrautheit, die mich nun zu irritieren begann. Denn wenn ich nicht verliebt war, was war das dann? Ich war es damals gewohnt, möglichst schnell Antworten zu fordern und finden zu wollen, und beherrschte das auch ganz gut. Doch hier im Bad fand ich keine. Vielleicht bilde ich mir das alles nur ein, dachte ich, drückte die Klinke nach unten und betrat den Flur vor der Eingangstür. Julian kam mir entgegen, und es fiel mir weiterhin schwer ihn anzuschauen. Ein wenig fühlte ich mich wie am Morgen nach einer gemeinsamen Nacht, in der man ohne sich zu kennen sehr intime Momente miteinander verbracht hatte und sich dann fragt, wie es nun weitergehen soll. So richtig konnten die Gedanken sich ihren Weg in meinen Kopf immer noch nicht bahnen; ich fühlte mich immer noch, als sei das Licht, in das wir getaucht waren, noch da und die Verbindung, was immer das auch für eine sein sollte, auch. Dann fasste ich Mut und wir schauten uns an, ganz offen, ganz ohne Unsicherheit. Fast leer waren unsere Blicke und doch fühlte ich mich ganz erfüllt. Wir verabschiedeten uns und ich fuhr ins Büro.

Am Abend ging ich mit meinen Freundinnen ins Theater. Wenn man Single ist, dann tauchen plötzlich wieder kulturelle Veranstaltungspläne im Leben auf und man hat das Gefühl, dass man nun keine Ausrede mehr dafür hat, es sich zu Hause gemütlich zu machen. Seit ich denken kann, versuchte ich Theater etwas abzugewinnen, aber wenn ich ehrlich zu mir war, mochte ich Kino immer lieber. Allerdings entsprach das nicht meinem Bild von mir, das ich gerne abgeben wollte. Ich wollte lieber eine Frau sein, die sich für die „wahre Kunst" interessiert. Und weil ich mich aber wie fast jede junge Frau von ihrer Mutter abgrenzen wollte, die sich gerne schick fürs Theater machte und sich eher für klassische Stücke begeisterte, wählte ich modernes Theater und moderne Stücke und legere bis schlampige Kleidung. Ich grenzte mich also ab, indem ich zunächst etwas tat, was meine Mutter tat, es aber anders machte. Wie anstrengend man sich Abgrenzung doch machen kann! Eigentlich weiß man doch, dass die wahre Abgrenzung darin liegt zu akzeptieren, wie viel Ähnlichkeit man mit seinen Eltern hat, um sich dann anders entscheiden zu können, wenn einem danach ist.

An diesem Abend im Theater verbrachte ich die meiste Zeit damit, Weihnachtskekse ohne Zucker zu essen, die mir meine Freundin mitgebracht hatte. Ich aß davon sehr viele, denn irgendwie schmeckten die Kekse umso süßer, je mehr man davon aß. Auf der Bühne wechselten sich Geschrei und komplizierte Dialoge ab, und ich gab noch vor der Pause auf, das Stück interessant zu finden. Ich überlegte, ob ich mich mit einem schönen Gedankenspiel, das mein Leben betraf, ablenken könnte, doch merkte ich recht bald, dass mein Leben als Single bislang fast ausschließlich aus belanglosen Aktivitäten bestand, die wenig mit Intimität und Nähe zu tun hatten. In meiner Beziehung war das immer anders gewesen. Auch wenn vieles nicht funktionierte, so hatte ich mich immer gefreut, nach Hause zu kommen und Zeit mit meinem Freund zu verbringen, und dieser Gedanke hatte mich so manche belanglose Abendveranstaltung überstehen lassen. Ich war sehr in dieses Nachsinnen vertieft und fragte mich, ob das wohl das Normale sei und nicht eigentlich auch ein schönes Zeichen dafür, dass Menschen Zweisamkeit brauchen, oder ob ich da ein Abhängigkeitsthema aufgedeckt hatte. Ich entschied mich für die erste Variante, da ich für diesen Abend schon genug ungute Gefühle hatte und weil ich spürte, dass ich mich schon auf den nächsten Abend mit mir allein zu Hause freute. Das deutete ich als ein Zeichen dafür, dass ich kein Abhängigkeitsproblem hatte.

Endlich Applaus. Die Kekstüte war leer. Meine Freundin hob das knisternde Sternchenpapier kopfschüttelnd vom Boden auf. Achselzuckend nahm ich es und stopfte es in meine Handtasche. Ich schaltete noch im Rausgehen mein Handy an und fand eine Nachricht von einer unbekannten Nummer. Aufgeregt las ich die Zeilen, in denen ich zu einem Treffen eingeladen wurde, wobei ich mir aussuchen durfte, ob dieses im Kino, in meinem Lieblingscafé oder beim Video zu Hause stattfinden sollte. Unterschrieben war die SMS mit „Julian". Hinter „Julian" war ein Punkt. Julian. Punkt. Mein Herz klopfte vor Aufregung. Das war eine Überraschung. Ich wusste gar nicht, worüber ich mehr überrascht war. Über die Tatsache, dass ich gar nicht an ihn gedacht hatte, den Fakt, dass er meine Nummer hatte oder dass er mich treffen wollte.

Plötzlich war mein Leben gar nicht mehr langweilig und belanglos, sondern aufregend. Jetzt fühlte ich die Aufregung des Verliebtseins und genoss davon jede Sekunde. Mit roten Wangen und viel zu schnell fuhr ich durch die Nacht nach Hause. Oben in meiner Wohnung angekommen las ich die Nachricht noch viele Male, und jedes Mal wurde mir ganz warm und ich war glücklich.

Zwei Tage später saßen wir nebeneinander auf dem Sofa und schauten ein Video. Wieder war diese Selbstverständlichkeit da, doch dieses Mal auch Aufregung. Ich hatte wenig bis keine Erfahrung im Dating, und das hier schien ein Date zu sein. Ich versuchte nicht zu aufdringlich zu sein, aber auch nicht zu abweisend und war gespannt, was sich hier ereignen würde. Unsere Hände lagen dicht nebeneinander und sie veränderten während der ganzen 90 Minuten ihre Position nicht. Zu der Aufregung, die ich spürte, und zu der Ruhe, die auch da war, gesellte sich meine innere Frage: Was sollte hier eigentlich geschehen? Die Trennung lag erst ein paar Wochen zurück. Spürte ich Anziehung? War ich dafür schon bereit? Und wenn ja, wofür war ich bereit? Die Antwort kam recht schnell: Ich war neugierig und bereit für diese neue Begegnung, die so einfach entstanden war. Und ich war gleichzeitig noch in tiefem Schmerz über meine gescheiterte Beziehung. Es war, als seien das zwei verschiedene Dinge und beide ganz wichtig. Ich konnte in dem Moment ganz klar spüren, dass ich diese Begegnung hier unbedingt wollte und dass ich trotzdem nicht direkt vom einen ins andere ging. Es waren zwei verschiedene Dinge und beide betrafen mein Herz.

Als der Film zu Ende war, wandten wir uns einander zu und Julian begann, mir von seinem Leben zu erzählen. Mir fiel auf, wie wenig ich ihn bisher hatte sprechen hören, und auch, wie intensiv sein Blick war, als er erzählte; als wolle der Blick schauen, ob ich ein Mensch bin, der ganz da sein konnte. Ich spürte, dass ich es nicht konnte, weil so viele Gedanken in meinem Kopf waren, dass ich davon abgelenkt wurde. Aber es gab diese Momente, in denen ich nicht nachdachte und mich einfach in den Moment fallen ließ. Es war schön, seine grünen Augen zu sehen, seine Begeisterung, aber auch seine Zweifel hinter der Sicherheit, wie mir schien. Er erzählte mir, dass er just an diesem Tag seine Wohnung gekündigt hatte und in sechs Wochen für unbestimmte Zeit nach Indien gehen würde. Mehr noch als diese Information, dass er weggehen würde, ließ mich das Wort „unbestimmt" aufhorchen und ich versuchte herauszufinden, was damit gemeint war. Es hieß nicht „für immer", hätte aber „für immer" heißen können. Es hieß nicht „nur für kurze Zeit", hätte aber „nur für kurze Zeit" sein können. Es hieß einfach, was es hieß: „unbestimmt".

Das war für mich ein neues und großes Wort, denn es stellte alles auf den Kopf, wofür ich stand und was ich in meinem Leben so dringend brauchte: Verlässlichkeit durch Planbarkeit. Deshalb fand ich auch die Tatsache, dass er in sechs Wochen gehen wollte, nicht weiter beunruhigend, schließlich war das etwas, was einen vielleicht traurig machte, worauf man sich aber einstellen konnte.

Aber dieses kleine Wort „unbestimmt" ließ mich nicht los. Und ich erahnte schon in diesem Moment, dass unsere Begegnung auch dazu da sein würde, mich zu lehren, dass Bestimmung nichts mit Bestimmen zu tun hat.

Ich fuhr nach Hause und lag an diesem Abend noch lange wach. Weniger wegen Julian als wegen allem, was diese Begegnung mit sich brachte. Ich fühlte mich mit einem Male nicht mehr so verloren in der Welt, nicht mehr so haltlos. Es erschien mir sogar fast so, als bestünde eine realistische Chance, dass ich meinen Platz in der Welt finden würde. Und das war für mich so spürbar, weil Julian etwas verkörperte, was mir auf der einen Seite ganz fremd war und auf der anderen Seite ganz vertraut. Ich sah einen Menschen, der sich Freiheiten nahm, aber nicht um damit gedankenverloren durch die Welt zu trampeln, sondern um sich einem ganz beständigen Kern zu nähern. Was ich zu dem Zeitpunkt noch nicht wusste, aber schon spüren konnte in seiner Art, Verbindlichkeiten aufzubauen, war sein Wunsch nach Familie. Und was ich an dem Abend wieder deutlich spüren konnte, war mein Kindheitswunsch nach dem Gefühl, in Verbindung und doch frei zu sein. Es begegnete mir in Gestalt eines Mannes, aber auch in Form eines Lebenskonzepts, das er für sich schon formuliert hatte und das ich zu dem Zeitpunkt noch nicht so klar formulieren konnte. Mir hatte bisher eine Seite der Medaille gefehlt – die Freiheit. Verbindung war für mich nie ein Problem gewesen, aber der Schritt in die Freiheit war eine Mutprobe, der ich mich noch nie in letzter Konsequenz ausgesetzt hatte. Tief in meinem Inneren ahnte ich, dass Freiheit *in* der Verbindung liegt, aber ich konnte es nie ganz ausdrücken, weil ich Freiheit ohne Verbindung nie gelebt hatte. Vielleicht ging das auch gar nicht, aber ich war mir nie sicher, ob mein Freiheitskonzept wirklich tragen würde gegen alle Argumente von außen. Und Julian, der Freiheiten in vielen Formen gekostet hatte, war für mich so eine Art Ruhepol dafür, dass ich mit meinem Gefühl richtig lag bzw. dass es zumindest für mich richtig sein durfte. Und aus dieser Sicherheit heraus konnte ich etwas Wunderbares beschließen: Ich wollte die nächsten sechs Wochen bis zu seiner Abreise mit ihm verbringen, ohne Pläne für danach, ohne gängige Verbindlichkeiten. Ganz frei und dennoch ganz verbunden.

Kurz bevor ich einschlief, blinkte mein Handy auf. Ich schaute auf die Uhr: 00:01 Uhr. Mein Geburtstag war soeben angebrochen und Julian war der Erste, der mir schrieb. Die Nachricht war wie ein sanfter Gute-Nacht-Kuss und ich schlief kurz darauf selig ein.

Es war ein besonderer Geburtstag, und das lag weniger daran, dass ich 30 wurde. Es war vielmehr die Bündelung von Abschied und Neubeginn, die an diesem Tag zusammentrafen. Es war der erste Geburtstag, den ich groß feierte. Ich hatte eine Bar gemietet und viele alte und neue Freunde eingeladen. Dass ich das in den Jahren vorher nie getan hatte, lag vermutlich daran, dass ich immer in einer festen Beziehung war und darin entweder zu bequem geworden war oder mir in meiner Individualität in einer Beziehung einfach nicht so einen großen Stellenwert eingeräumt hatte.

Als sich die Bar langsam füllte und ich sah, dass alle mir wichtigen Menschen da waren und sich alles wie eine Summe meines bisherigen Lebens anfühlte, wurde mir auf einmal klar, dass es sich hier um eine Abschiedsfeier handelte und nicht nur um einen Geburtstag. Ich wusste nicht recht, wovon ich mich verabschiedete, und interpretierte es als den Übergang von den 20ern zu den 30ern oder als Abschied von meinem Beziehungsleben und den Schritt in die Eigenverantwortung. Aber diese Interpretationen schienen mir zu kurz zu greifen. Dieser Abschied bedeutete noch etwas anderes und hatte etwas mit dem Leben zu tun, das ich geführt hatte und das ich nicht mehr führen würde.

Unter die vertrauten Menschen mischten sich auch ganz neue, die ein wenig wirkten, als ob sie aus einer anderen Welt kämen. Ich war erstaunt, wie viel sich in den letzten zwei Monaten schon getan hatte. Unter ihnen war auch Julian. Immer wenn ich ihn anschaute und erwartete, etwas Vertrautes zu sehen, sah ich einen neuen Menschen, den ich noch nie zuvor gesehen zu haben schien. Aber immer wenn er mich anschaute, sah ich einen Menschen, der mir ganz vertraut war. Sein Blick, sein ganzes Wesen sagte mir, dass ich ihm vertraut war und dass ich mir keine Sorgen zu machen brauchte, dass alles gut war. Er schenkte mir eine Karte, auf der nur ein Satz stand: „Ich möchte gerne die nächsten sechs Wochen mit Dir verbringen." Es war genau der Satz, den ich seit Tagen im Kopf hatte.

Wir teilten uns diesen Satz, ohne je darüber gesprochen zu haben.

Und damit war auch klar, dass wir beide das Gleiche wollten und es nicht sagen mussten, weil wir dazu noch nicht bereit waren, weil Worte nicht hätten fassen können, was wir gerade im Begriff waren einander zu schenken. Wir ließen alles offen und machten gleichzeitig alles klar – ohne Worte, ohne auch nur ein einziges Gespräch darüber.

Ich genoss diesen Abend in vollen Zügen und die befürchtete Traurigkeit, nach acht Jahren den ersten Geburtstag ohne meinen bisherigen Freund zu feiern, war nicht so groß wie erwartet. Kurz nach der Trennung hatte ich nichts mehr gefürchtet als diesen Abend ohne ihn. Ich malte ihn mir in allen Facetten aus, so wie man es macht, wenn man die Leere in sich durch intensive Gefühle füllen möchte – vom Szenario, dass er, während ich meinen Geburtstag feierte, mit einer anderen Frau unterwegs sein würde, bis zu der Vorstellung, dass er auf meiner Feier auftauchen und mir einen Heiratsantrag machen würde. Allein die Tatsache, dass diese Gedanken weit auseinanderlagen und sich aber ähnlich intensiv anfühlten, hätte mir zu denken geben und klarmachen müssen, dass ich mich hier nur selbst quälte und mir irgendwo auch die Zeit damit vertrieb, mich in Leid und Selbstmitleid fortreißen zu lassen. Wie anders doch jetzt die Realität war! Und es tat gut zu spüren, dass ich einfach nur offenbleiben musste, statt mich in ausgedachten Geschichten zu verstricken. Dann konnte ich mich lebendig fühlen, tatsächlich lebendig; anders als in den Horrorszenen oder Romanzen meiner Vorstellung, die sich unter der scheinbaren Intensität wie tot anfühlten. Und so feierte ich an diesem Abend mein Leben, das Leben, das hinter mir lag, und auch das, was noch auf mich wartete.

Einige Wochen später auf Julians Abschiedsfeier – die Abreise nach Indien stand kurz bevor – fragten mich viele seiner Freunde: „Und, was macht ihr jetzt? Wartest du auf ihn? Fährst du hin?"

Ich hätte wissen müssen, dass diese Fragen kommen würden, als Allererstes von mir selbst, und doch war ich dann überrascht, als man sie mir stellte. Ich hatte in den wenigen Wochen, die wir zusammen verbracht hatten, seine Eltern kennengelernt, er war bei mir eingezogen, und wir hatten uns in vielerlei Hinsicht über alle Maßen vertraut gemacht. Aber wir hatten nie darüber gesprochen, was nach den sechs Wochen sein würde. Es war einfach nicht Teil unserer Verabredung gewesen, denn diese hieß: die nächsten sechs Wochen zusammen verbringen.

„Ich weiß es nicht", antwortete ich also, und das war die Wahrheit.

An diesem Abend und an den nächsten paar Tagen vor seiner Abreise spürte ich Unruhe. Der nahende Abschied begann zu schmerzen. Ich hatte mich in den letzten Wochen trotz aller Unsicherheit so sicher gefühlt wie selten in meinem Leben. Unsere innere Bindung war wie ein ungeschriebenes Gesetz und wurde von uns mit einer solchen Selbstverständlichkeit gelebt, dass ich bereits in der ersten gemeinsamen Nacht spürte, dass wir Kinder haben würden. Doch bei aller inneren Sicherheit nahten nun die Tage des Abschieds, und dass dieser stattfinden würde, war unweigerlich klar. Viel zu wichtig war ihm der Schritt und viel zu wichtig war mir, dass dieser Schritt ihm so wichtig war, als dass ich ihn gebeten hätte zu bleiben.
Doch es war nicht nur die Ahnung der Sehnsucht, die mich erwarten würde, die ich spürte. Es war auch aufkommende Verzweiflung, wie es nun in meinem Leben weitergehen sollte. Denn mit Julian und der Beziehung hatte mein Leben eine neue Wendung bekommen. Ich spürte nicht mehr nur, dass ich mein altes Leben so nicht weiterleben wollte, ich spürte darüber hinaus vage Möglichkeiten, wie ich es stattdessen leben könnte. Diese Möglichkeiten hatten sich in den Wochen mit Julian angedeutet, und ich befürchtete, dass diese mit ihm verschwinden würden und ich meinen Weg doch nicht würde finden können.

„Willst du mit mir kommen?"
„Ja."
„Ehrlich?"
„Ja."

Wir saßen mitten im Winter auf einer Parkbank und ließen uns von den wenigen, aber kraftvollen Sonnenstrahlen wärmen. Die Frage durchstieß alle Wolken der letzten Tage, die sich um uns aufgebaut hatten, und es zeigte sich mit einem Mal wieder der klare Himmel und Sonnenschein. Es war Anfang Februar und bitterkalt. In meinem Kopf gab es keine Fragen, nur eine einzige Antwort: Ja.

Ich kann nicht behaupten, dass ich mir auch nur im Ansatz über die Konsequenzen dieser Antwort Gedanken gemacht hätte, und doch war die Antwort nicht unüberlegt. Jahre später, als ich mich mit dem Thema „Sucht nach Emotionen" beschäftigte, wurde in mir der Impuls zu der Annahme erweckt, dass das eventuell der ausschlaggebende Punkt gewesen sein könnte, warum mir die Antwort damals so leichtfiel. Denn für Menschen, die süchtig nach Emotionen sind, sind große, umwälzende Dinge leichter zu entscheiden als die kleinen Dinge des täglichen Lebens. Und wenn man einmal auf eine solche Spur gestoßen ist, sucht man weiter – besonders dann, wenn diese Spur intellektuelle Ablenkung von der eigentlichen Erkenntnis bietet, die nur in der Stille zu finden ist. Es kamen mir noch andere Ideen, warum ich einfach Ja gesagt hatte, ohne über die Konsequenzen nachzudenken. Das ging so weit, dass ich mein Verhalten als krankhaft bewertete und plötzlich nichts mehr von dem Urgefühl übrig blieb, dass es einfach das Richtige war. Aber das war es gewesen. Es war die beste aller Optionen, die ich zu diesem Zeitpunkt hatte. Ich war festgefahren in meinen Beziehungsmustern. Vor mir stand ein Mann, der nichts mit allen Männern vorher zu tun hatte. Ich war festgefahren in meinem Job und völlig überarbeitet. Vor mir lag die Möglichkeit einer Auszeit. Ich war festgefahren in meinem Kontrollwahn, dass alles perfekt zu sein hatte, und vor mir blitzte das Wort „Indien" und damit verbunden Lebendigkeit und Chaos auf der inneren Landkarte auf. Ich war festgefahren in meiner Entwicklung, und vor mir lag die Möglichkeit einer spirituellen Reise zum Yoga.

Es kam mir vor wie ein Silbertablett, das mir einfach so gereicht wurde und auf dem alles lag, was ich brauchte, um mein Leben zu verändern, in dem ich in vielerlei Hinsicht nicht mehr glücklich war. Und ich spürte einfach, dass ich gar keine andere Wahl hatte, dass diese Entscheidung schon lange gefallen war und dass dabei ziemlich wenig in meinem und Julians Ermessen lag.

ABSCHIED NACH VORNE

Über die Zeit zwischen dem goldenen Käfig, der bereits anfing zu rosten, und dem Silbertablett, dessen Glanz auf die Probe gestellt wurde.

Als ich Julian ein paar Tage später zum Flughafen brachte, knickte ich zunächst ein. All meine Kraft schien mit ihm in den Flieger zu steigen. Ich hatte meine Wohnung und auch meinen Job bereits gekündigt und einen One-Way-Flug gebucht. Diese wichtigen Dinge hatten wir noch gemeinsam erledigt, um aus seiner Frage und meiner Antwort einen sichtbaren gemeinsamen Start zu machen. Nachdem er durch das Gate verschwunden war, fuhr ich nach Hause und betrat meine Wohnung, die in den letzten Wochen so lebendig gewesen war und mir jetzt ganz leer vorkam. Vor meinem inneren Auge sah ich mich in den nächsten Wochen alles, was hier stand, verkaufen und verschenken.

Ein Gefühl von Wut und Verletzung brach sich vorsichtig seine Bahnen. Wieso musste ich das hier eigentlich allein machen, während ich die letzten Wochen damit verbracht hatte, ihm bei der Auflösung seines Haushalts zu helfen? Ich spürte in mir den nachträglichen Wunsch, dass er seinen Flug verschoben hätte, damit wir gemeinsam hätten fliegen können. Hätte ich das formulieren sollen? Ich hatte kurz darüber nachgedacht, aber mich dann dagegen entschieden, weil ich fand, dass der Vorschlag von ihm hätte kommen müssen. Mittlerweile meine ich gelernt zu haben, dass das der falsche Ansatz von Partnerschaft ist, weil man seine Bedürfnisse formulieren muss, damit der andere sie erfüllen kann. Und ich weiß auch, dass ich nie ganz damit aufhören werde, den romantischen Wunsch zu haben, dass der andere genauso denkt wie ich selbst. Und wahrscheinlich liegt auch hier die Wahrheit irgendwo dazwischen.

Die nächsten Wochen verbrachte ich zwischen den Welten. Meine eine Welt bestand darin, mich zu verabschieden und alles, was ich als mein bisheriges Leben bezeichnete, zu ordnen und zusammenzupacken. Die andere war davon geprägt, mich auf mein neues Leben vorzubereiten. Und die spannende Aufgabe dazwischen war, die Grenze zwischen Altem und Neuem zu pflegen und Übergriffe von der einen auf die andere Seite nicht an mich heranzulassen. So hörte ich aus meinem Umfeld neben vielen Zweifeln, Ängsten und Befürchtungen auch Worte der Bewunderung, der Überraschung und des Zuspruchs. Alles Äußerungen starker Gefühle, mit denen man versuchte, mich in die eine oder andere Richtung zu bringen. Doch ich wusste, dass es meine Aufgabe war, diese Außeneindrücke nicht an mich heranzulassen, weil ich die Entscheidung, die ich getroffen hatte, wirklich mit absoluter Klarheit und Selbstbestimmung umsetzen wollte. Und weil mir dies allein nicht leichtfiel, suchte ich mir Begleitung in Form eines Coaches, der mir half, an der Entscheidung festzuhalten, diese Schritt für Schritt umzusetzen und meinen Abschied gemäß meinen Vorstellungen zu gestalten. Es war eine intensive Zeit, die sehr viel Konzentration und Bestimmtheit verlangte und gleichzeitig aber auch eine ganze Menge Offenheit und Weichheit erforderte, weil ich nicht einfach abhauen, sondern möglichst geordnet und damit frei in den Flieger steigen wollte.

Und genau diese Mischung war es, die dafür gesorgt hat, dass ich die bisher größte Umbruchsituation in meinem Leben meistern konnte: die Mischung aus Fokus und Offenheit verbunden mit der Unterstützung von außen, um unterscheiden zu können, wann welche der beiden Qualitäten gefragt war.

In dieser Zeit lösten sich viele alte ungeklärte Beziehungen auf.

Mit der Entscheidung, einem Mann nach Indien zu folgen, wie es nach außen hin aussah, wurde der Beschützerinstinkt einiger meiner männlichen Freunde oder auch heimlicher oder offizieller Verehrer geweckt. Es war nicht so, dass mich irgendjemand ernsthaft hätte zurückhalten wollen, aber es erschien mir dennoch so, dass es einige meiner männlichen Bekannten sehr verwirrte, dass so eine scheinbar starke Frau wie ich einen solchen Schritt der „Selbstaufgabe" ging. Auch wenn ich nicht müde wurde zu erklären, dass ich zwar einem Mann folgte, aber diese Entscheidung alles andere als Selbstaufgabe für mich bedeutete, so konnte ich doch niemanden wirklich überzeugen. Ich weiß nicht, ob es daran lag, dass sich viele Männer das Gleiche wünschen, nämlich dass eine Frau ihnen folgt, oder eher daran, dass sich mit meinem Weggang alle Möglichkeiten, die man sich mit mir vielleicht irgendwo offengehalten hatte, in Luft auflösten. Und genau darum ging es mir bei meinem Abschied: mir nichts mehr offenzuhalten.

Kein Hintertürchen, weder ein materielles noch ein emotionales. Also traf ich alle Männer, bei denen ich spürte, dass mich etwas mit ihnen verband, das über eine reine Freundschaft hinausging. Von den meisten unter ihnen habe ich nach diesen Treffen nie wieder etwas gehört; als hätten sich Türen geschlossen, die nie sichtbar offen waren, und es hatte sich gezeigt, dass sich in den Begegnungen auch an anderer Stelle keine neuen Türen öffnen würden. Das war ein erster Vorgeschmack auf das, was passiert, wenn man sich verändert. Nicht jeder möchte das und nicht jeder geht das mit oder verändert sich vielleicht sogar mit.

Die einzigen Türen, die offen blieben, waren die zu meinen engsten Freundinnen, die mich mehr als unterstützten – wenn auch durchaus mit einer kritischen Haltung. Aber im Vordergrund stand bei allen die Freude, dass ich aus etwas ausbrach, was mich schon lange nicht mehr glücklich gemacht hatte. Es war nicht so, dass ich viel Zuspruch bekam, und das war auch gut so, denn schließlich war es wichtig, aus meiner eigenen Entscheidung heraus zu fahren, und nicht weil andere das auch für eine gute Idee hielten.

Ich führte Tagebuch. Jeden Tag schrieb ich eine Nachricht an Julian, über das, was ich erlebt hatte, was ich losgelassen hatte. Sechs Wochen lang jeden Tag eine Mail, egal wie müde ich war. So hatte ich das Gefühl, in Verbindung bleiben zu können. Die Tage waren voll und ereignisreich.

Auch die kleinen Dinge wie das Abnehmen von Bildern von der Wand wurden für mich zu wichtigen Meilensteinen.

Auszug aus meinem täglichen Mail-Tagebuch an Julian nach Indien:

„Heute früh habe ich meine Bilder abgehängt. Die nackten Wände sind nicht schlimm. Das finde ich schön. Dann aber habe ich die Bilder aus den Rahmen genommen. Und das ist mir sehr schwergefallen. Weil ich sie ihrer Heimat beraubt habe. Dann sah ich das Berlin-Bild. 02:22. Mit dem Cutter habe ich das Leinen vom Holz getrennt. Wie ein Chirurg, der einen lebendigen Körper durchschneidet. Mit diesen Gefühlen hatte ich nicht gerechnet. Als das Leinen dann so leblos neben mir lag, habe ich geweint. Aber dann habe ich plötzlich eine neue Wohnung gesehen. Ganz in weiß. Ganz pur. Und da war auch das Berlin-Bild. Ohne Rahmen. Einfach das Leinen an die Wand getackert. Und das war viel schöner als mit dem einengenden Holztorso. Und plötzlich wusste ich, dass das Bild einen neuen, viel freieren Platz bekommen wird und dass das nur möglich ist, weil es seinen alten verlässt und für einen kurzen Moment haltlos und nackt neben mir lag."

Und auch die großen Dinge wie der Abschied von meiner langjährigen Beziehung, die ja erst vor ein paar Monaten nach acht Jahren zerbrochen war, waren entscheidende Momente. In meiner Wohnung gab es viele Erinnerungen an die gemeinsame Zeit, Erinnerungen, die ich nicht mitnehmen wollte in mein neues Leben und die ich selbst nicht aufbewahren, für die ich aber gut gesorgt wissen wollte – insbesondere für die Fotos aus unserer gemeinsamen Zeit. Ich hatte alle meine Fotos sortiert und mir von jeder wichtigen Epoche meines Lebens ein oder zwei in eine Schachtel gepackt. Die restlichen Bilder wollte ich bei den Menschen lassen, die mit mir diese Momente geteilt hatten. Und so verabredete ich mich mit dem bis dahin wichtigsten Menschen in meinem Leben, um die Fotos gemeinsam mit ihm durchzusehen.

Er kam am Abend und ich hatte die Bilder bereitgelegt. Als er zur Tür hereinkam, sagte er in seinem gewohnt verschmitzten Ton:

„Aber bitte lass uns von Anfang an die Dramabremse treten, ja?"

Vor ein paar Monaten, kurz nach der Trennung, hätten mich diese Worte zum Explodieren gebracht. Doch jetzt, mit dem Wissen im Gepäck, dass ich bald in Richtung Zukunft starten würde, hatten diese vergangenen Tretminen ihre Kraft verloren und ich konnte ebenfalls schmunzeln.

„Klar, aber wo genau ist die so?"
„Direkt neben dem Gaspedal."

Während wir die Fotos durchschauten, liefen uns die Tränen über die Wangen. So viel hatten wir geteilt und auf all den Fotos nie an ein Ende gedacht. Und beide wussten wir, dass es richtig war, was geschehen war. Und so kamen auch keine romantischen Gefühle auf, wie man sich das in der Situation vielleicht hätte denken können. Nein, wir waren sehr klar und genossen die Nähe, die zwischen uns lange Zeit gewesen war und in gewisser Weise vermutlich immer auch bleiben wird.

Und zwischen den kleinen und großen Abschieden empfing ich jeden Tag Nachrichten aus meinem neuen Leben, die mich manchmal verwirrten, aber meistens auf meinem Weg wunderbar unterstützten:

SMS-Nachricht von Julian aus Indien: „Gute nacht liebste. Hier ist es wunderbar und bereit für dich. Noch 2 Wochen und du bist hier mit mir. Im herzen bist du jetzt schon hier. J"

Und so saß ich Anfang April am Flughafen mit einer Tasche auf dem Schoß, in der sich alles befand, was ich noch besaß, und hatte meine beiden Freundinnen im Arm. Keine von uns wusste, was hier passieren würde. Alle waren wir traurig, aufgeregt und in unbestimmter Vorahnung. Es waren kaum Fluggäste da. Der Flughafen war wie ausgestorben. Es war einer der letzten Flüge vor seiner Schließung. Es fühlte sich gar nicht richtig wie ein Flughafen an, sondern eher wie eine Schleuse in mein neues Leben. Als ich durchs Gate ginge, blickte ich mich um, und das Letzte, was ich von meinem alten Leben sah, waren die großen nassen blauen Augen meiner treuen Freundin.

Zehn Stunden später war ich da.

JA

Darüber, dass ein erstes Ja nicht gleichzeitig auch
ein zweites Ja bedeutet und dass es vor diesem zweiten Ja
an anderer Stelle erst einmal ein Nein geben muss.

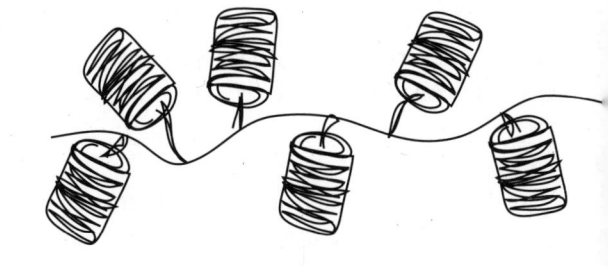

Nach meiner Ankunft in Indien schien sich das atemberaubende Tempo, das mein Leben in den letzten Monaten geprägt hatte, noch zu beschleunigen. Julian holte mich mit dem Motorrad vom Flughafen ab und mit wehenden Haaren ging die Achterbahnfahrt der Liebe weiter.

Als mich die Angst vor diesem Tempo verließ, saß ich wieder auf dem Rücksitz seines gelben Motorrads, vor uns ein LKW mit zwei Elefanten auf der Ladefläche und neben uns haufenweise Kokosnüsse. Ich löste das Hormonpflaster, das ich bisher zur Verhütung verwendet hatte, von meinem Arm und ließ es in den Fahrtwind fliegen. Ging das so einfach? War ein Kind tatsächlich nur eine Entscheidung weit entfernt? Die Jahre vorher hatte es viel komplizierter geschienen und irgendwie auch unvorstellbar. Ich konnte mir nie vorstellen, wie das gehen sollte, sich tatsächlich für ein Kind zu entscheiden, und noch weniger konnte ich mir vorstellen, was das dann bedeuten würde. Mit Leichtigkeit und auch Tatkraft hatte ich in den letzten zehn Jahren bis hierhin viele Entscheidungen getroffen – doch die ernsthafte Überlegung, eine Familie zu gründen, war nie dabei gewesen. Ich hatte es zwar angesprochen, aber so richtig wusste ich gar nicht, was ich da eigentlich ansprach. Also hatte ich auch nicht das Gefühl gehabt, dass ich auf irgendetwas verzichten müsste. Und so waren die Jahre verstrichen, ohne dass ich aus dem Gefühl des Studentendaseins herausgewachsen wäre. Es tickte keine biologische Uhr, Babys nahm ich kaum wahr und auch Heiraten fühlte sich an, als hätte das noch zehn bis zwanzig Jahre Zeit.

All das änderte sich durch die Begegnung mit Julian.

Alles war plötzlich möglich. Meine kleine Welt wurde riesengroß und das machte mir keine Angst, sondern brachte ein Gefühl der Freiheit, und ich begann zu verstehen, dass ich dann Angst hatte, wenn etwas eng war, meine Vorstellungen eingeschlossen, und dass ich mich frei fühlte, wenn sich alles um mich herum und in mir öffnete.

Das hatte ich jahrelang genau andersherum vermutet und daher mein Leben immer auch kleingehalten – aus der Motivation heraus, mich sicher zu fühlen – mit dem Ergebnis, dass ich immer unsicherer wurde. Ich wurde dann ruhig und spürte dann Vertrauen, wenn es keine Grenzen gab und eine komplette Entfaltung aller Potenziale möglich war. Im Kleinen hatte ich das in meinem Beruf schon erfahren, wie mir später nach meinem Ausstieg immer öfter auffiel. Das geschah in den Momenten des weißen Blattes, das es zu füllen galt, wenn also jemand aus seinem Produkt, seiner Institution oder seinem Unternehmen etwas von Grund auf neu kreieren wollte, etwas, was schon irgendwo mitschwang, aber noch nicht formuliert oder visualisiert war und sich nun manifestierte. Ich lief dann zur Hochform auf, wenn jemand mit einer Vision zu mir kam und wollte, dass ich sie sichtbar mache – mit Ideen, Worten, Bildern, Botschaften.

Dieses weiße Blatt, mit dem ich in meiner Funktion meistens allein am Schreibtisch saß, konnte zwar hier und da Versagensängste hervorrufen, aber barg auch eine ungeheure Freiheit. Da es nicht um das eigene Leben ging, sondern um eine Aufgabe, die ich für andere erledigte und die dann nur früher oder später der Bewertung ausgesetzt war, aber nie wirklich Gefahr bedeutete, war das weiße Blatt auch immer in erster oder spätestens in zweiter Linie eine Einladung. Ich war eingeladen, das Blatt zu füllen, meine Ideen wieder zu verwerfen, neu zu beginnen, auszuprobieren und in alle Richtungen zu denken. Und für diese kurzen Momente erfuhr ich Gefühle der Weite und der Freiheit.

In diesen ersten Wochen in Indien lernte ich, dass alles, was für das weiße Blatt galt, auch für mich selbst zutraf. So begann ich das weiße Blatt meines neuen Lebens zu füllen und hatte viel Freude dabei:

Hatte ich den Impuls, tanzen zu lernen, schaute ich mir verschiedene Tanzstile an und entschied mich schließlich für *Bharatanatyam*[4]. Ich sprach daraufhin mit Indern aus Julians *Kalarippayat*[5]-Schule und es ergab sich ein Kontakt zu einer jungen Inderin, die an einer Mädchenschule *Bharatanatyam* unterrichtete und bereit war, mir Unterricht zu geben im Tanzsaal neben ihrem Haus. Ich fuhr mit unserer indischen Vermieterin in ein Stoffgeschäft und wir schauten uns Gewänder an, die ich für den Tanz brauchen würde. Nach langem Suchen fanden wir ein Set, das recht zurückhaltend und dessen Stoff aus Baumwolle und nicht aus Polyester war. Und so fuhr ich zweimal in der Woche mit wehendem Gewand auf Julians gelbem Motorrad zum *Bharatanatyam*-Unterricht, ohne dass ich ein konkretes Vorhaben hatte, warum ich das machte. Ich wollte einfach für mich schauen, ob das Tanzen in meinem neuen Leben einen Platz haben würde, ohne dabei auf die inneren Stimmen aus dem alten Leben zu hören: „Du bist zu alt. Tanzen kann man auch zu Hause. Indischer Tanz ist doch albern."

Nein, ich machte das hier ganz anders: Wenn ich einen Impuls spürte, folgte ich ihm und erlaubte mir die Freiheit, es gut zu finden oder doof zu finden, lange zu praktizieren oder kurz zu praktizieren, begabt zu sein oder unbegabt. Und so ging es mir mit vielen anderen Dingen in diesen ersten drei Monaten in Indien. Das lag natürlich auch daran, dass ich als Deutsche, die etwas gespart hatte, um diese Reise machen zu können, fast unbegrenzte Möglichkeiten hatte, um mich auszuprobieren. Es macht Entscheidungen selbstverständlich leichter, wenn man das nötige Geld hat, seine Wünsche umzusetzen. Ich wollte Stoffe bedrucken, Kleider entwerfen – für alles suchte ich mir die richtigen Kontakte und spürte eine unendliche Freude darüber, dass sich hier mein ganzes kreatives Potenzial so ohne Weiteres umsetzen ließ, was wiederum den Mut für das Kreative stärkte und damit auch das Selbstbewusstsein, dass ich tatsächlich etwas Handfestes erreichen konnte, wenn ich wollte. Es waren sozusagen die ersten Schritte der ehemals Angestellten in die Selbstständigkeit. Bevor ich nach Indien fuhr, waren meine Tage von einem gleichbleibenden Rhythmus und von Fremdbestimmung geprägt gewesen. Jetzt konnte ich über meine Zeit selbst bestimmen und auch über meine Interessen und konnte meiner Neugier freien Lauf lassen.

Julian und ich übten Yoga auf dem Dach unserer Wohnung oder während des Monsunregens in unserer Wohnung. Wir liefen, wenn Stromausfall war und wir in der Wohnung ohne Fenster von Mücken zerstochen wurden, zu einem Restaurant an der nächsten Straßenkreuzung und aßen Omelette. Wir fuhren zum Strand, und wenn wir nicht nach Hause wollten, blieben wir einfach dort und übernachteten in einer kleinen Hütte. Während Julian fotografierte, schrieb ich Texte zu seinen Fotos und wir ließen davon Postkarten drucken. Ich fühlte mich wie im Schlaraffenland der tausend Möglichkeiten.

Auch innerlich erlebte ich viele Momente der Freiheit – denn obwohl wir nun zusammen in Indien waren, hatte sich an der Tatsache, dass ich mich immer noch nicht richtig in einer Beziehung fühlte, nichts geändert. Das lag daran, dass ich immer noch das Gefühl hatte – wie schon auf meiner Geburtstagsfeier –, dass ich ihm total vertraut war, er mir aber fremd. Und dabei spürte ich, dass Beziehung auch möglich war, wenn ich den anderen nicht nonstop „spürte" oder wusste, was in ihm vorging. Ich erfuhr eine schöne Kombination aus nonverbaler Verbundenheit und Selbstentfaltung, die ich als eine neue Form der partnerschaftlichen Liebe kennenlernte. Das ging deshalb so gut, weil Julian die Verbundenheit genauso wichtig war wie mir. Weil er mir das auch zeigte, konnte ich mich auf mich konzentrieren, und weil er selbstbewusst genug war, mich meine Dinge machen zu lassen, konnte ich mich frei entfalten. All das konnte ich damals im Ansatz schon spüren und gleichzeitig war es noch nicht wirklich ausgereift – schließlich waren wir erst Anfang 30 und in unserer Lebens- und Liebeserfahrung noch lange nicht erwachsen. Doch unser Wunsch nach einer solchen Beziehung war sehr stark und unsere Yogapraxis verhalf uns zu der mentalen Stärke, diesen Wunsch immer im Auge zu behalten. In vielen Punkten merkte man aber auch ganz deutlich, wie kindlich wir noch waren und dass wir kindliches Verhalten mit Reife verwechselten. Julian hatte in spiritueller Hinsicht bereits mehr innere Arbeit getan als ich, zumindest wusste er, dass er sie gemacht hatte. Ich hatte sie entweder noch nicht gemacht oder ich wusste nicht, dass das, was ich gemacht hatte, innere Arbeit war.

Und so war mein neu entdecktes Freiheitsverhalten auf der einen Seite eine wundervolle Heilung meines teilweise starren Lebens und entstammte auf der anderen Seite auch einem recht kindlichen Verständnis von Freiheit. Und zwischen diesen beiden Polen bewegte ich mich durch Indien.

Zum Beispiel hatten wir die Idee, ein Auto zu kaufen und damit quer durch Indien zu fahren. Julian merkte an, dass Indien kein Platz für ein Roadmovie sei, aber meine Begeisterung steckte ihn an. Ich hörte keines seiner

Argumente und war wie im Rausch, komplett überzeugt, dass es schon gehen würde, die Straßen sicher nicht so schlimm sein würden und dass es darauf letztlich auch gar nicht ankäme. Wir kauften ein Auto, in dem man hinten zur Not auch liegen konnte, und bereiteten eine Probereise vor. Kaum saßen wir die erste Stunde im Auto, wusste ich, was Julian gemeint hatte mit seiner Bemerkung zu den indischen Straßen. Aber erst als wir nach vier Stunden in der 150 Kilometer entfernten Stadt ankamen und vor dem Hotel der Reifen platzte, gestand ich mir die romantische Überhöhung der Idee ein. Wir wollten in ein günstiges Hotel gehen, aber plötzlich kam aus dem Luxushotel nebenan ein Angestellter auf uns zu und bat uns, in seinem Hotel zu übernachten und das zu bezahlen, was wir wollten. Wir bekamen die schönste Suite, und ich spürte ganz deutlich, dass sich das alles nicht wirklich richtig anfühlte.

Ich war noch nie zuvor in diesem Land gewesen, hatte mir keinen einzigen Reiseführer durchgelesen und auch sonst keinerlei Ideen dazu gehabt, außer dass es für mich ganz leicht sein würde, mich dort zu bewegen. Das war zu Beginn auch so, aber je mehr ich auch hinter die Kulissen schaute, desto mehr begannen mich einige Dinge zu erschrecken.

Wir verkauften das Auto wieder und auch sonst alles in der Wohnung bis auf die Yogamatten und unsere Kleidung und machten uns auf den Weg nach Norden – nun mit dem Zug. Es war meine erste Zugfahrt in Indien und sie dauerte 72 Stunden. Keine Spur von meiner Ungeduld, ich genoss jede Stunde. Und Julian erzählte mir, wie unser Leben weitergehen würde und was wir alles erleben würden. Ich saß ihm gegenüber und lauschte und staunte, wie jemand einen so ausgereiften Plan haben konnte darüber, wie sein Leben verlaufen würde, und wie entspannt er dabei war. Und seit ich ihn kannte, erfüllten sich auch nach und nach alle seine Wünsche und Ideen. Ich selbst befand mich immer noch in meiner Blase zwischen Alt und Neu, kostete meine Auszeit aus und hatte keine Ahnung, was ich vom Leben wollte. Ich wusste nur, was ich nicht wollte bzw. um auch hier ehrlich zu sein, wusste ich auch das manchmal nicht genau.

Bereits ein paar Tage nach meiner Ankunft fuhren wir zu Amma[6] in den Ashram[7]. Dort gab es für mich viele neue Dinge auf einmal: Zum einen wusste ich zunächst nicht, wer Amma ist, zum anderen hatte ich mich noch nie in einem Ashram aufgehalten, und insgesamt beschränkte sich mein Zugang zur Spiritualität bisher auf das OM aus dem Yogaunterricht. Ich fühlte mich unsicher, wollte mich aber nicht unsicher fühlen in meinem neuen Leben. Zu allem Übel hatte ich mir eine Blasentzündung zugezogen und fühlte mich nicht wirklich wohl in meiner Haut. Ich spürte recht schnell, dass Indien Unwohlsein potenzierte, wenn man sich einmal etwas eingefangen hatte. Als wir nach ein paar Stunden und mehreren Toilettenpausen später im Ashram von Amma ankamen, sah ich sofort das große rote Kreuz am Gebäude daneben. Und so war mein erster Gang nicht zu Amma, sondern zum indischen Doktor. Mit mehreren bunten Tabletten in der Hand, die aussahen wie Smarties, verließ ich eine Stunde später die Praxis Richtung Ashram. Julian führte mich zu einem kleinen Nebengebäude, vor dem ein paar Menschen standen und erwartungsvoll auf die Tür blickten. Etwa 20 Minuten später ging die Tür auf, Amma trat heraus und ging begleitet von ihrem Team zur großen Halle, in der sie verschwand.

Wir holten uns etwas zu essen und mischten uns unter die Besucher. Ich fühlte mich sehr fremd. Ich sah die Menschen als einen geschlossenen spirituellen Kreis, zu dem ich nicht gehörte. Ich fühlte mich nicht alternativ genug, und weil sich diese Form des Nicht-Genügens nicht schön anfühlte, begann ich die Menschen dort zu verurteilen und mich als eine zu fühlen, die weiß, wie das Leben funktioniert. Dass beides nur in meinem Kopf stattfand – die Ausgrenzung durch die anderen und dann meine Abgrenzung der anderen –, war mir noch nicht klar. Erst später verstand ich, dass es dort keine Gruppe gegeben hatte, die mich ausgrenzte, sondern viele unterschiedliche Menschen, die alle auf der Suche waren und sich auf den Weg gemacht hatten – jeder auf seine eigene Weise, genau wie ich. Hätte ich diese Gemeinsamkeit erkannt, statt mich auf die Unterschiede zu konzentrieren, hätte ich an dem Tag mehr mitnehmen können als nur eine Umarmung und ein peinliches Erlebnis.

Mir war der Mechanismus der eigenen Abgrenzung und die damit verbundene Abwertung anderer wie gesagt nicht bewusst. Und dabei ist Fremdheit doch etwas, was uns neugierig machen kann; es muss nicht beängstigend sein. Es gab dort zum Beispiel einen Mann, der sich eine Schüssel mit Essen geholt hatte und still vor seiner Schüssel saß. Er hielt eine Hand darüber, und man konnte in seinem Gesicht sehen, wie er den heißen Dampf des Reises unter seiner Handfläche spürte. Ein Lächeln flog über sein Gesicht. Seine Nasenflügel weiteten sich, als er den Kopf Richtung Schale senkte. Dann sprach er ein Gebet, dankte und begann zu essen. Er aß langsam, sehr langsam. Er kaute jeden Bissen ungefähr eine Minute lang. Ich begann mich unwohl zu fühlen, wieder fremd und nicht ausreichend. War es schlimm, dass ich das nicht machte? War ich deswegen nicht spirituell genug? Und weil ich mich nicht so fühlen wollte, versuchte ich mit Julian Witze über den Mann zu machen. Aber Julian hatte dazu gar keine Lust, was mich wiederum umso mehr falsch fühlen ließ.

Jahre später, als Julian schon sehr krank war, saß er zuweilen vor mir und machte das Gleiche wie der Mann bei Amma, und ich konnte die Schönheit darin sehen. In Julian und damit auch in dem Mann aus dem Ashram.

Noch ein Jahr später und ich saß bei einem Yogaretreat genauso vor meinem Essen, erinnerte mich an die Situationen, die mich einmal so befremdet hatten, und blickte in die Gesichter um mich herum, die teilweise genauso aussahen wie meins damals. Und so begann ich, von mir zu erzählen und von meinen Empfindungen damals und heute. Und wir lachten über uns, weil wir Menschen so oft andere komisch finden, nur weil wir uns nicht zugehörig fühlen. Plötzlich war in diesem Retreat das Dogma weg und alles war möglich. Während die einen in Stille aßen, lachten die anderen laut über Witze, die sie sich erzählten, und alle waren wir zusammen und jeder fühlte sich wahrhaftig angenommen. Wir waren verbunden und wir waren frei. Und das ist eine Entscheidung, die wir treffen; das kommt nicht von allein, ob im Ashram oder mitten im Café. Und meistens beginnt diese Entscheidung dann, wenn wir uns selbst nicht mehr leiden können, so wie ich damals, als ich vor dem Mann saß, der das Essen und das Leben genoss, während ich damit beschäftig war, ein Ablehnungsgefühl meinerseits durch Abwertung aufzufangen.

Als wir nach einigen Stunden des Wartens und des Stühlerückens, das sich ein bisschen anfühlte wie das Spiel „Reise nach Jerusalem", zu Amma kamen, trug ich meine Frage auf einem Zettel dicht bei mir. Ich hatte das Hormonpflaster zwar in den Fahrtwind gleiten lassen, aber die Frage mit der Hochzeit noch nicht beantwortet. Irgendetwas in mir wusste nicht, ob ich heiraten wollte, obwohl irgendetwas in mir schon bei der ersten Begegnung wusste, dass ich Kinder mit Julian haben wollte.

„Shall I marry Julian?"

Alle um mich herum lachten. Die Frage wurde laut vorgelesen – keine andere Frage wurde an diesem Tag laut vorgelesen, sondern nur meine. Ich wurde rot, denn Julian stand direkt hinter mir und schaute sehr verwundert zu mir hin. Ein paar Momente später lag ich an Ammas Busen, und sie umarmte mich, während sie mir ins Ohr flüsterte: meine Liebe, meine Liebe, meine Liebe.

Das war nicht wirklich eine Antwort, die ich erwartet hatte oder die mir weitergeholfen hätte, und letztendlich tat sie es doch. Weil mir klar wurde, dass ich niemanden nach so etwas fragen kann, weil es nur eine Person gibt, die darauf eine Antwort weiß, und das bin ich. Aber es war so verlockend zu glauben, dass es eine höhere Macht gibt, vielleicht sogar in Gestalt eines Menschen, die alle Antworten kennt, und dass ich die Verantwortung dafür übernehmen musste, die wichtigen Dinge in meinem Leben selbst zu entscheiden. Oft hatten Julian und ich in den letzten Wochen die Tarotkarten befragt, wenn wir eine Entscheidung treffen wollten. Julian zeigte mir, wie das geht, und ich fand Gefallen daran, weil es mich meiner Aufgabe enthob, mich selbst aus mir heraus entscheiden zu müssen. Was ich nicht merkte, war, dass man die Karten nur nutzt, um sich über seine Entscheidung klar zu werden, genauso wie bei den Fragen an Amma.

Bevor Julian mich fragte, ob ich mit nach Indien kommen wolle, hatte er seine Coaching-Frau befragt, ob das die richtige Entscheidung sei. Als ich das erfuhr, war ich traurig und verstört, weil ich dachte, dass er diese Beratung gebraucht hatte, weil er das nicht hatte selbst entscheiden können. Aber auch das bedeutete Klärungsarbeit: die eigene Entscheidung zu spüren. Man muss dabei nur aufpassen, dass man an die richtigen Menschen gerät, die das genauso sehen und diese Offenheit nicht für ihre Zwecke benutzen und als unverrückbare Wahrheit darstellen.

Und so tröstete mich Julians SMS, die er mir aus Indien schrieb, als ich noch in Deutschland alles vorbereitete:

„Ich liebe dich, egal wer was wo sieht. Ich komme immer mehr zu mir und damit zu dir."

Es sind unsere Entscheidungen, und wenn wir dabei in Liebe unterstützt werden, diese zu treffen und zu leben, dann ist das das Geschenk des Menschseins und der Gemeinschaft.

Und dieses Geschenk, angenommen zu sein, egal was war, egal was ist und egal was kommen würde, erhielt ich an diesem Tag bei Amma mit den Worten: meine Liebe, meine Liebe, meine Liebe.

Ein paar Tage bevor wir den Süden Richtung Norden verließen, telefonierte ich mit meinem langjährigen Freund. Wir hatten viel Kontakt in der Anfangszeit gehabt, und ich spürte von seiner Seite einen starken Wunsch nach Nähe. Ich ging dem nach bzw. verhinderte ihn nicht. Doch kurz vor unserer Abreise, als Julian mir einen Heiratsantrag machte und ich nicht Ja sagen konnte, was in einer Verlobung mündete, hatte ich das dringende Bedürfnis zu klären, ob die achtjährige Beziehung wirklich so zu Ende war, wie es nach dem Plan der Indienreise auszusehen schien. Ich erzählte, dass ich verlobt sei und dass jetzt ein guter Zeitpunkt wäre, etwas zu unternehmen, falls er das denn wolle. Nächtelang hatte ich wach gelegen und mir ausgemalt, dass er mich holen kommen würde, und schweißnass überlegt, was ich dann tun würde. Ich wusste es nicht – ich wollte, dass er mich holen kam, und gleichzeitig wollte ich bei Julian sein.

„Worauf wartest du noch?"
„Ich weiß nicht."
„Hast du Angst?"
„Ja, vielleicht."

In diesen Gedanken und Wünschen steckte so viel Verschiedenes, und im Vordergrund stand dabei gar nicht so sehr die Frage, mit wem ich mein Leben verbringen wollte. Eher ging es zum einen darum, gewollt zu werden und dass jemand anderes für mich entscheiden sollte; ein zutiefst kindlicher Wunsch, der zu der Zeit in meinem Leben bei aller eigenen Entscheidungsfreude immer wieder durchkam. Dies war verbunden mit der Anziehung, die entstand, wenn jemand in meinem Leben für mich entschied – möglichst in einer Form, die meinem hohen Anspruch gerecht wurde, indem die Entscheidung mir Weiterentwicklung versprach. Zum anderen hätte es auch um das Drama an sich gehen können, das ich zu vielen Zeiten in meinem Leben sehr geschätzt hatte, weil es mir das Gefühl von Lebendigkeit gab. Aber ich spürte deutlich, dass ich mit Julian kein Drama wollte und auch nicht bekommen würde und dass an dem Punkt, an dem früher das Drama gestanden hatte, nun Stille spürbar wurde. Darüber hinaus wollte ich nicht, dass etwas endete und mir damit bewusst werden musste, dass die Dinge, und auch die Liebe, nicht für die Ewigkeit sind, zumindest nicht in ihrer Form als Paarbeziehung. „Und sie lebten glücklich bis an ihr Ende" – dieses Konzept war immer noch da, und solange die alte Beziehung noch in irgendeiner Form existierte, durfte auch der Glaube an das Happy End da sein. Doch spürte ich auch schon zu diesem Zeitpunkt, dass das eine aus meiner kindlichen Vorstellung geborene Illusion war und meiner Realität letztlich sehr fremd, denn ich hatte mich ja bereits von meiner ersten großen Liebe getrennt. Da stellte sich dann natürlich jetzt die Frage, mit wem denn dann das Happy End stattfinden sollte. Und so konnte ich meine eigene Illusion zerplatzen sehen. Das war gut, hatte aber zu dem Zeitpunkt noch keine richtige Durchschlagskraft, weil sich ein Teil in mir sein Märchen nicht wegnehmen lassen wollte. Dieser Teil erzählte deshalb die Geschichte, dass jetzt Julian der Mann meines Lebens sein würde, es schon immer gewesen war und auch für immer sein würde. Der Wunsch nach dieser Form der Exklusivität zog schon damals viel Leid mit sich und hatte rein gar nichts mit der absoluten Kraft der Liebe zu tun, sondern war ein Konzept aus Angst, aus dem Wunsch, etwas Besonderes zu sein, und aus dem Bedürfnis heraus, etwas aus der Kindheit nachzuholen. Und so blieb das Kind hartnäckig und hielt an seiner Geschichte fest, obwohl die Erwachsene schon längst begonnen hatte diese Mechanismen wahrzunehmen.

Mein Exfreund kam nicht, um mich zu holen – und das Telefonat schaffte Klarheit. Das Ende war ausgesprochen.

Jetzt hatte ich keine Angst mehr, schwanger zu werden.

Julian und ich packten unsere Taschen und kauften uns ein Zugticket Richtung Norden. Wir machten Halt in Mumbai und fanden in einer Buchhandlung in einem Bildband unser nächstes Ziel. Während diese ungewöhnliche Art der Lebensplanung anhand von Bildbänden bei Julian weitgehend aus der Intuition kam und aus dem langjährigen Wunsch, der Quelle des Yoga zu begegnen, lag mein Antrieb im Abenteuer, in der Schönheit dessen, was ich auf den Bildern sah, und in gewisser Weise auch in der Intuition. Das war etwas, was uns beide verband. Häufig konnten wir gemeinsam unsere innere Führung hören, besonders dann, wenn es um große Entscheidungen ging. Und dies hier war eine große Entscheidung.

Kurz darauf saßen wir im Flugzeug in Richtung Himalaya.

Es war wie die Landung im Paradies. Schon auf dem Rollfeld spürte ich die Klarheit, die mich hier empfing, wie eine Offenbarung. Noch nie zuvor hatte ich solche Luft geatmet. So richtig verstand ich nicht, was es war, das mir ein derartiges Glücksgefühl vermittelte. Obwohl wir wussten, dass wir hier nur drei Monate bleiben konnten, bis die Kälte uns wieder nach „unten" treiben würde, hatten wir das Gefühl, hier unser Zuhause gefunden zu haben.

Als wir uns nach ein paar Tagen akklimatisiert hatten, besorgten wir uns ein Zimmer bei einer tibetischen Familie mitten in einem riesigen Obstgarten und mit Apfelplantagen. Unser Zimmer hatte an drei Seiten Fenster, und es fühlte sich an, als würden wir draußen wohnen. Wir hatten eine kleine Terrasse mit einer Kochplatte und im Hof bei den Yaks eine Dusche mit Kaltwasser. In der Nacht schliefen wir unter fünf Decken, am frühen Morgen teilten wir uns abwechselnd Julians Kaschmirpulli, während wir tagsüber Sonnencreme mit Schutzfaktor 50 auftragen mussten.

Wir fanden einen Yogalehrer, bei dem wir eine Ausbildung begannen. Sechs Wochen lang gingen wir zweimal täglich zu ihm. Wir waren die einzigen Schüler. Ich genoss das ausgiebige Yogaüben, war aber irritiert von unserem Lehrer, einem *Sannyasin*[8], der in weiße Tücher gehüllt und extrem launisch war. Mal alberte er mit uns herum, mal beschimpfte er uns und mal sorgte er sich um uns, als seien wir seine Kinder.

Kurz vor dem Ende der Ausbildung rief Julian an einem Nachmittag ein Taxi und wir fuhren zum Gericht, um uns nach den Formalitäten einer Hochzeit zu erkundigen. Panik machte sich in mir breit, Zweifel stiegen auf. Ich schnappte nach Luft und mein Herz raste. Ich war überrascht, denn eigentlich dachte ich von mir immer, ich sei ein sehr verbundener Mensch, dem seine Freiheit nicht so wichtig ist.

Doch in diesem Moment wurde mir schlagartig klar, dass meine Freiheit einen sehr großen Wert für mich hatte. Auch wenn ich es liebte, dass man für mich entschied, so war es doch letztendlich immer ich selbst, die die Entscheidung traf, ob ich dem folgen wollte.

Ich war überrascht von dieser Angst, die hier in mir aufstieg und mich daran erinnerte, wie groß mein Wunsch nach Autonomie war.

Wir vereinbarten einen Termin für den nächsten Tag. Ich lieh mir ein Kleid, das unsere Vermieterin bei einem Besuch des Dalai Lama getragen hatte, und fand es aus diesem Grund auch nicht so schlimm, dass das Kleid schwarz war.

Wir organisierten Trauzeugen und eine Reittour im Industal nach der Zeremonie. Es ging alles ganz einfach und das ließ mich aufatmen. Denn unter der Angst vor der Bindung lag noch eine viel größere Angst – die Angst, dass es nicht geschehen würde, dass Julian es sich anders überlegen könnte und sich dieses Gefühl der Verbindung nicht bestätigen würde. Diese zwei Grundängste standen sich in diesen Tagen massiv gegenüber: Angst vor dem Verlust der Freiheit und Angst vor der Nicht-Bindung. Dass sich Freiheit und Bindung nicht ausschließen müssen, machten wir dann zu unserem Motto für die Heirat. Wir beide sagten Ja zu dieser Verbindung in Freiheit.

Am Abend ging Julian zu seinem Freund, der zu uns zu Besuch gekommen war, um mit ihm einen Junggesellenabend zu verbringen. Ich blieb zu Hause und spürte, wie die Panik in mir aufstieg. Ich wollte zum Hörer greifen, meine Freundin anrufen und sie fragen, was ich machen sollte, so wie ich das immer getan hatte. Ich habe zwar immer die finale Entscheidung getroffen, aber habe vorher andere für mich entscheiden lassen. Doch das wollte ich nicht, nicht dieses Mal, nicht bei einer so wichtigen Sache. Ich legte Tarotkarten und beschäftigte mich mit den Fragen und Impulsen, die mir das Blatt zeigte. Ich tat das, so gut meine Aufregung es zuließ, und so weit, wie ich überhaupt etwas von Tarotkarten hielt. Zu dem Zeitpunkt wertete ich meine Art, Entscheidungen zu treffen, ab. Ich fand, dass es nicht der richtige Weg war, mit anderen zu sprechen und ihre Meinungen zu hören, und ich dachte, das sei eher ein Zeichen von Schwäche. Eher wollte ich ein Mensch sein, der aus sich heraus entschied. Dass ich aber ohnehin aus mir heraus entscheide und in anderen Menschen liebevolle und kritische Spiegel sehen kann, die mir im Austausch helfen, Entscheidungen zu treffen, konnte ich da noch nicht sehen, weil es vermischt war mit dem tatsächlichen Abgeben von Verantwortung.

Also ging ich erst einmal raus aus dem Muster und ließ mich ganz auf mich ein, und da erwartete mich zunächst Unsicherheit und eine ungewohnte Leere.

War es die sternenklare Nacht, die Stille der Berge oder einfach der
richtige Zeitpunkt? Ich wusste es nicht, aber ich spürte, dass ich mit dem
Aushalten der Unsicherheit immer sicherer wurde, dass ich tatsächlich
für mich allein entscheiden kann und dass, selbst wenn ich die Entschei-
dung irgendwann verändern müsste, das nicht das Ende bedeutete.

Kein Versagen, kein Verlust, kein Fehler. Das war eine Erkenntnis, die tief
in mir zum Vorschein kam und die mich an meine Kraft erinnerte, zu mir
selbst zu stehen und mir zu vertrauen, auch ohne Absicherung im Außen.
Denn diese Absicherung birgt letztlich ohnehin keine Sicherheit in sich. Ich
war es selbst, die das weiße Blatt nach wie vor selbst füllte, auch wenn bei
einer großen Entscheidung wie Heirat mehr auf dem Spiel zu stehen schien
als bei der Frage nach dem passenden indischen Tanz. Und ich war bereit
dafür. Dieser Abend, diese Leere hatten mir den Wunsch geschenkt, diese
Bereitschaft in die Tat umzusetzen.

Julian kam an dem Abend früher als erwartet wieder zurück. Er sagte, es
habe sich nicht schön angefühlt, ohne mich zu sein. Er habe gute Gespräche
geführt, aber jetzt wolle er mit mir sein. Noch bevor ich mir an dem Abend
den Gedanken vorspielen konnte, dass es nicht richtig von ihm sei, dass
er mich allein gelassen hatte, war er nach Hause gekommen. Und dieses
Geschenk der Freiwilligkeit war und ist in meinen Augen das größte
Geschenk der Liebe. Es ließ mich kurz aufatmen und brachte mich meiner
Entscheidung, Ja zu sagen, noch ein weiteres Stück näher.

Anders als sonst wollte ich nicht sprechen, diskutieren oder analysieren.
Das tat ich oft in Momenten der Panik. Ich wusste dann nicht, wohin mit
mir, aber dieses Mal wollte ich das aushalten.

Mitten in der Nacht, als ich mich immer noch unruhig wälzte, fragte Julian,
ob ich noch einen Spaziergang machen wolle. Und diese Frage war es, die
mein Ja entschied. Normalerweise wollte Julian immer früh schlafen gehen
und schlief bald darauf fest ein, auch wenn ich unruhig war. Doch an diesem

Abend, in dieser Nacht war er ganz bei mir, und das gab mir das sichere Gefühl, dass er das immer sein würde, wenn es drauf ankam.

Wir gingen in ein Restaurant, das noch geöffnet war, und aßen Omelette mit Nutella und tranken eine ganze Flasche Apfelsaft. Die Süße in meinem Mund und die Liebe in seinen Augen ließen mich vollends ruhig werden und alle Zweifel Zweifel sein. Ich wusste, dass es kein einfacher Weg werden würde, aber ich wollte ihn gehen und er auch.

Am nächsten Tag sagten wir Ja.

Und in der Nacht kam unser erstes Kind zu uns.

MONSUNBABY

Über das Festhalten und das Loslassen und darüber, dass den Standpunkt halten kein starres Festhalten sein muss und dass Loslassen nichts mit dem Aufgeben von Lebensvisionen zu tun hat.

Als die Kälte uns aus dem Paradies vertrieb, machten wir, was uns eine indische Frau geraten hatte: die Zweisamkeit genießen und all die Dinge tun, die mit Kind dann schwierig werden würden. Und so übten wir häufig Yoga und reisten herum. Im Himalaya hatten wir unsere Yogaschule nivata gegründet und es uns damit zur Aufgabe gemacht, die lebendige Stille, die wir dort erfahren hatten, in verschiedenen Formen weiterzutragen.

Wir wussten oben in den Bergen ganz genau, welch wertvolles Geschenk wir dort erhalten hatten, und obwohl ich als Julians Schülerin gestartet war – dort haben wir uns nicht nur als Paar, sondern auch als Lehrer zusammengefunden.

Nach ein paar Monaten der Schwangerschaft und des Reisens an viele Orte auf der Welt rückte der Moment der Entscheidung näher, wo und wie unser Kind auf die Welt kommen sollte. Wir hatten nach wie vor nur jeder eine Tasche und keine Wohnung. Was sich zu Beginn angefühlt hatte wie die große Freiheit, wurde nun zu einem Gefühl der Bodenlosigkeit. Eine Entscheidung musste getroffen werden, und zum ersten Mal lief das nicht „wie auf Schienen". Diese Entscheidung betraf nicht nur den Geburtsort des Kindes, sondern auch die Frage nach unserer Heimat und ob unsere gefühlte Heimat kompatibel sein würde mit einem Ort, wie er für eine Geburt und ein Baby erforderlich sein würde. Obwohl das Kind noch nicht geboren war, merkten wir, dass das Leben nach dem Freiheitsprinzip nun andere Vorzeichen erhalten sollte. Mal eben in der Buchhandlung den nächsten Ort zum Leben finden, fühlte sich nun nicht mehr ganz richtig an. Und so gaben wir, anders als in der Vergangenheit, der Entscheidung Zeit und Raum. Da wir nirgendwo eine Wohnung hatten, waren wir nach wie vor auf Reisen und nutzten das Unterwegssein, um unserer Entscheidung näherzukommen.

In den USA, wohin ich mit Julian für eine Ausbildung zur Yogalehrerin für Schwangere flog, trafen wir eine holländische Hebamme, der ich mich anvertraute und die mir durch ein paar geschickte Fragen auf die Sprünge half. Ihre hilfreichste Frage war, wo ich mein Kind denn nicht bekommen wolle. Und da war mir plötzlich klar, was der Ort haben müsste.

„Wo willst du dein Kind bekommen?"
„Ich weiß es nicht."
„Wo willst du es denn nicht bekommen?"
„In Berlin."

Ich wusste auf einmal, dass ich mit meiner Biografie, die durch den Tod meines Vaters von der engen Symbiose mit meiner Mutter geprägt war, nur an einem Ort zur Mutter werden konnte, an dem meine Mutter nicht war. Denn als Kind, so wusste ich, kann ich kein Kind zur Welt bringen. Ich wollte mein Frau- und mein Muttersein ohne Vorbilder erleben. Doch diese Empfindungen, so klar sie auch sein mochten, lieferten noch keinen Ort. Julian schlug Indien vor, schließlich waren wir nach unserem Amerikaaufenthalt zwar kurz zu Besuch in Deutschland, aber in unseren Pässen stand als Wohnort Neu-Delhi. Doch was bisher immer wie eine Lösung ausgesehen hatte – Indien –, erschien mir dieses Mal eher konstruiert, als der letzte Anker und nicht tatsächlich real. Doch ich hatte auch keine andere Idee. Ein paar Recherchen ergaben, dass die Geburtssituation in Indien keine gute ist. Ich fand aber auch Organisationen, die sich dort um Maßnahmen für eine natürliche und sichere Geburt bemühen.

Ich hatte keine Ahnung, was wir tun sollten, und mein Bauch wuchs. Auch Julian war unsicher, entschied sich dann aber für die einzige Option, die sich nach Zuhause anfühlte – und das war Indien. Dort hatten wir uns gefunden, geheiratet, gewohnt – unsere ganze Vergangenheit, wenn auch eine recht kurze, hatte in Indien stattgefunden. In Deutschland waren wir beide noch sehr in unseren alten Rollen und fühlten uns dadurch nicht sicher und stark genug für den Schritt in das Familienleben. Also griffen wir auf das zurück, was wir kannten und was uns verband, und fuhren mit mulmigem Gefühl zurück nach Indien.

In Rajasthan angekommen – auch dieses Ziel hatten wir erneut über Bildbände und Reiseführer aus der Buchhandlung und dem Internet gefunden – genossen wir für ein paar Tage die Wärme, die Ruhe und die königliche Schönheit der Gegend. Doch unsere innere Uhr tickte. Nach ein paar Wochen hatten wir ein Haus gefunden und begannen, uns einzurichten. Als wir dort das erste Mal ins Krankenhaus kamen, lachte uns die Ärztin aus und fragte, warum um alles in der Welt wir unser Kind denn in Indien bekommen wollten. Um ehrlich zu sein, beschämte mich ihre Frage, weil ich keine plausible Antwort darauf hatte, außer dass wir nicht wussten, wo sonst. Als wir ihr erklärten, dass wir eine Hausgeburt planten, schlug sie die Hände über dem Kopf zusammen.

Wir verließen das Krankenhaus und ich setzte mich zu Hause wieder an den Rechner, um doch noch auf das Wunder zu stoßen: eine westliche Hebamme in Rajasthan. Eine Frau, die ich kontaktierte, schlug uns dann ein Portal im Internet vor, und tatsächlich – das Eis schien gebrochen. Über einen Kontakt aus den USA fanden wir eine Hebamme aus Alaska, die einige Wochen zu uns kommen wollte, weil sie von ihrer Akkordarbeit im Geburtshaus eine Pause brauchte und sie die Vorstellung reizte, ein Land kennenzulernen, in dem die Geburtssituation an Unnatürlichkeit kaum zu übertreffen war.[9] Ich war erleichtert, dass ich nicht mehr allein sein würde mit dem größer werdenden Bauch. Die Absurdität der Situation verdrängte ich; ich hatte Wichtigeres zu tun und musste meine Kräfte sammeln für die Geburt, die hier unter erschwerten Bedingungen stattfinden würde, trotz Hebamme aus Alaska. Das war uns nun klar.

Wir gingen regelmäßig ins Krankenhaus, um den Kontakt mit den Ärzten zu halten, bereiteten mit der Hebamme die Geburt vor und telefonierten mit einer indischen Ärztin, die nach ihrer Rückkehr aus den Staaten als Pionierin in Indien ein Zentrum für natürliche Geburt[10] eröffnet hatte und uns immer wieder Mut zusprach.

Die Zeit verging, der Geburtstermin verstrich, und erst als meine Mutter, die zu Besuch gekommen war, wieder abreiste, setzten die Wehen endlich ein. Das Baby machte sich also auf den Weg, als meine Mutter gegangen war. Ich wurde zunächst krank und bekam Fieber. Die Herztöne wurden schlechter. Wir fuhren ins Krankenhaus. Man riet uns dazu, die Geburt einzuleiten. Die

Hebamme und ich wollten das nicht. Zu viel hatte ich gehört und gelesen über den elenden Kreislauf der modernen Medizin: wehenfördernde Medikamente, die die Schmerzen verursachen, die dann wiederum so behandelt werden, dass die Wehen wieder weniger werden und dann wieder von vorne, bis die Herztöne des Kindes so kritisch sind, dass ein Kaiserschnitt die einzige Lösung ist. Die Ärztin aus Hyderabad bestärkte uns. Ich bekam Medikamente gegen das Fieber und mit der sinkenden Temperatur stabilisierten sich auch die Herztöne wieder. Doch alles fühlte sich an wie auf einem Drahtseil.

As es mir etwas besser ging, fuhren wir auf dem Motorrad nach Hause. Die Wehen begleiteten uns auf diesem Weg durch die Nacht. In der Dunkelheit kreuzte plötzlich ein Kamel unsere Fahrbahn. Es war wie in einem Traum. Zu Hause angekommen lag ich lange wach. Die Hebamme war die ganze Nacht neben mir. Die Wehen blieben, wurden aber nicht stärker. Jede Stunde kontrollierten wir die Herztöne. Es war alles ruhig, außer ich selbst.

Am nächsten Morgen wollte ich dann ins Krankenhaus und die Geburt einleiten.

Ich war durch die ständigen Wehen erschöpft, durch den Virus, den ich ausbrütete, ebenfalls und die Sorge um das Baby wuchs. Im Krankenhaus wollte man uns nicht mehr helfen. Es sei zu spät für eine Einleitung. Man bot uns einen Kaiserschnitt an.

Als ich das Wort „Kaiserschnitt" hörte, tauchten in mir die Bilder auf von den Sälen, die ich in diesem Krankenhaus gesehen hatte und in denen mehrere Frauen gleichzeitig operiert wurden. Ich sah den Metalltisch, auf dem ich zur Untersuchung gelegen hatte, mit dem Abfalleimer darunter. Meine Kraft erwachte, und die Hebamme und ich schauten uns in die Augen und wussten, was zu tun war.

Wir telefonierten mit der Ärztin aus Hyderabad und schilderten unseren Plan. Sie versicherte, uns zu begleiten. Julian fand ein Hotel in der Nähe des Krankenhauses. Unser Zuhause war für den Notfall zu weit weg vom

Krankenhaus. Außerdem wurde dort gerade im Nachbarhaus eine indische Hochzeit gefeiert, und der Strom war aufgrund der Partybeleuchtung und der Musikanlage zeitweise weg.

Als wir mit Pezziball, Schokolade und süßem Mangosaft im Hotelzimmer angekommen waren, legten wir los mit Akupressur, Treppensteigen, Swimmingpool.

Und nach einer Stunde ging es dann tatsächlich los.

In der Nacht setzte der Monsun ein.

12 Stunden später war unser Kind da.

EIN GANZ NORMALES LEBEN

Darüber, wie es sich anfühlt, sich selbst aus dem Paradies zu vertreiben und auf dem Boden neuer alter Tatsachen zu landen.

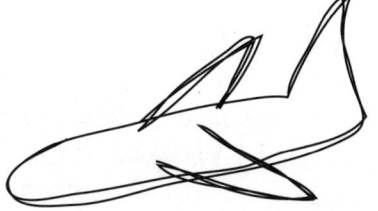

Das Elternsein hatten wir uns anders vorgestellt. Unser Kind schrie den ganzen Tag und es schlief die ganze Nacht durch. Ich hatte keine Ahnung, wie ich mich verhalten sollte, und merkte, wie wenig ich mich im Vorfeld damit beschäftigt hatte und einfach auf meine Intuition vertraut hatte. So zählte ich die Stunden, bis die Hebamme kam, denn ich hatte das Gefühl, gar nichts zu wissen und eine Versagerin zu sein. Nichts, was ich tat, führte dazu, dass unser Mädchen aufhörte zu schreien. Heute denke ich, dass ich wohl eine Wochenbett-Depression hatte, aber solche Luxus-Krankheiten gibt es in Indien nicht. Später in Deutschland stellte sich heraus, dass unsere Tochter das KiSS-Syndrom[11] durch das lange Liegen im Geburtskanal hatte. Mein schlechtes Gewissen wuchs und auch die Machtlosigkeit, weil ich diese Entscheidung nicht zurücknehmen konnte und mit besten Absichten gehandelt hatte.

Nun handelte ich jedoch nicht mehr nur für mich, sondern auch für ein anderes Lebewesen, das sich mir anvertraut hatte. Und ich wusste nicht, ob ich dem je gerecht werden könnte.

Dieser scheinbare Fehler unseres gemeinsamen Auftakts saß mir im Nacken. Auf der anderen Seite hatte ich dem Kind meine ganze Kraft geschenkt, und wir hatten etwas zusammen erlebt und sind in gewisser Weise beide geboren worden. Ich als Mutter und das Kind als meine Tochter, aber das sind nur Beschwichtigungen, die mein strenges Über-Ich kaum durchgehen lässt.

Wir bemühten uns wie fast alle jungen Eltern sehr. Wir versuchten Globuli, Massagen, neue Rhythmen, Tragetuch, Singen – einfach alles. Wir blieben sechs Wochen zu Hause, weil ich in der Ausbildung zur Prenatal-Yoga-lehrerin gehört hatte, dass man in diesen ersten Wochen die wichtigste Bindung aufbaut und das Haus nicht verlassen soll. Wenigstens eine Sache wollte ich richtig machen. Also blieben wir zu Hause. Dabei ging ich fast vor die Hunde, und wie sich herausstellte mein Kind auch. Als wir aber 40 Tage später in der Riksha saßen, über die Straßen holperten und aus dem Fenster schauten, hörte das Schreien auf und ich wusste, dass dieses Kind keine Lust darauf hatte, dass ich mich verbog, sondern dass ich das tat, worauf ich Lust hatte und ihm genau das zeigte.

Es fühlte sich so gut an, etwas gefunden zu haben, womit ich eine tatsächliche Bindung aufbauen konnte, und diese lag darin, gemeinsam rauszugehen, sich auszutauschen, die Welt zu betreten. Das machte vieles leichter. Jeden Tag fuhren wir nun in die Stadt und machten kleine Ausflüge. Die Hitze nahm ab und es wurde mir leichter ums Herz.

Doch die Unsicherheit, ab jetzt nur noch „das Richtige" tun zu dürfen, hing wie ein Damoklesschwert über mir. Wie eine Lawine rollten plötzlich unzählige elementare Entscheidungen auf uns zu, zum Beispiel tauchte direkt nach dem Thema „Impfen" das Thema „Wohnort" auf, das wiederum eindeutig mit dem Impfen zusammenhing. Wir wohnten in einem Haus auf dem Dorf und unten an der Auffahrt zum Haus rann die offene Kanalisation den Graben entlang. Wilde Affen tanzten auf unserem Dach und urinierten auf den Marmorboden der Terrasse, und nebenan wohnten die Familien in Lehmhütten, während wir in dem Rohbau eines Marmorhauses wohnten.

Konnte unser Kind hier auf dem Boden krabbeln und Löcher in den Boden buddeln? Konnte ich sie auf der Terrasse kurz allein lassen oder würden Affen sie packen? Und was sollte ich sagen, wenn die Nachbarn sie auf den Arm nehmen wollten und ich Angst hatte vor Krankheiten?

Ich konnte Übervorsicht von Wachsamkeit nicht unterscheiden, hatte ich doch schon bei der Wahl des Geburtsortes viele Risiken falsch eingeschätzt oder sogar unterschätzt. Jetzt, da ich das Leben in den Händen hielt, das sich mir anvertraut hatte, schaltete sich mein romantischer Teil komplett aus und wich der Verantwortung für ein anderes Leben. Also entschied ich mich für Übervorsicht und bat Julian um eine Indienpause, bis alles gut geklärt und wir uns aller Konsequenzen bewusst sein würden, zumal wir nur eine befristete Aufenthaltsgenehmigung hatten und nirgendwo zu Hause waren.

„Ich möchte nach Hause."
„Aber hier ist unser Zuhause."
„Nein, hier ist nicht mein Zuhause."

„Aber wo ist es dann?"

„Da, wo ich mich sicher fühle, und das ist jetzt Deutschland."

Es war keine leichte Entscheidung, schließlich hatten wir uns hier über ein halbes Jahr hinweg eingerichtet – mit Kühlschrank, Möbeln und Telefonanschluss. Ich schlug vor, dass wir das Haus untervermieteten, und gestaltete eine Website dafür, sodass wir in den schönen Zeiten des Jahres wieder herkommen könnten. Wir hatten hier begonnen, Kontakte aufzubauen, nicht nur private, sondern auch berufliche; die Zusammenarbeit mit Hotels, einem Ashram und einer Schule waren in die Wege geleitet und man wartete auf unsere Zusage. Der Vermieter schien mit unserer Idee der Untervermietung einverstanden und wir brachten den Halbjahresplan auf den Weg. Doch aus irgendwelchen Gründen entschieden wir uns doch noch in letzter Sekunde dagegen, und der Aufbruch wurde, nachträglich betrachtet, zu einem typischen Beziehungsdilemma, in dem der eine, nämlich ich, behauptete, alles dafür getan zu haben, die Möglichkeit der Rückkehr offenzuhalten, und der andere – das war Julian – behauptete, dass ich dazu eigentlich gar keine Lust gehabt hätte.

Doch dieser Konflikt über den Abbruch unserer Indienzeit sollte erst viel später zum Thema werden, nämlich dann, als es darum ging, Ursachen für die Schicksalsschläge zu finden, die sich noch ereignen sollten. Dabei spielte der Weggang aus Indien keine kleine Rolle und vor allem nicht die Frage, wer das entschieden hatte. Für Julian war das augenscheinlich ich.

Genau das halte ich für einen der schwierigsten Punkte überhaupt: das Geschwisterpaar von Entscheidung und Verantwortung. Entscheidungen zu treffen, die einem in den Schoß fallen, ist kein Kunststück. Aber eine Entscheidung, die nicht automatisch zur nächsten Stufe auf der Glücksleiter führt, sondern Schmerzen verursacht, möchte man nur sehr ungern fällen.

Aber wer entscheidet denn überhaupt? Spielen nicht auch die Situation, die Umstände eine Rolle und auch der vernünftige Pfad, dem man dann eher folgen muss, als dass man sich dafür entscheidet. Ich habe mich darin mehr als Umsetzerin gefühlt, weniger als Entscheiderin, und das ist nicht immer eine dankbare Rolle, besonders dann nicht, wenn der andere, der an den Folgen dieser Entscheidung unmittelbar beteiligt ist, sich gegen den Umstand der Entscheidung innerlich aufbäumt.

Zurück in Deutschland holten wir unsere Hochzeitsfeier nach und luden unsere Freunde und Bekannten ins Buddhistische Haus in Berlin ein. Wir waren alle in Weiß gekleidet und ich stillte unsere Tochter in einem Schlafraum neben der Küche. Im gleichen Raum würde vier Jahre später Julian übernachten, während er sich in dem Haus aufhielt, um in der Meditation Ruhe und Schmerzfreiheit zu finden.

Es war meine eigene Hochzeit und dennoch fühlte ich mich wie in einem Film. Julian und ich waren für eineinhalb Jahre nur unter uns gewesen und unsere Familien und Freunde kannten sich kaum. Jetzt, hier im Garten auf der Feier, waren plötzlich alle versammelt. Mir war ganz schwindelig und ich kam mit meinen Empfindungen kaum hinterher. Auch wenn ich in vielen Dingen, besonders in Entscheidungen, sehr schnell und wandlungsfähig sein kann, so brauche ich in einer tieferliegenden Schicht doch viel Zeit und Raum, bis sich in mir Stabilität aufbauen kann. Und hier feierten wir eine Hochzeit, ohne dass wir im Vorfeld für Stabilität in Bezug auf unsere Freunde und Familie gesorgt hatten. Es fühlte sich nach einer falschen Reihenfolge an.

Aber vielleicht, dachte ich dann, gibt es einfach verschiedene Reihenfolgen und meine ist nicht die einzig richtige; nur weil ich es nicht anders kenne, heißt es nicht, dass es so falsch sein muss. Also ließ ich mich fallen und feierte mit den Gästen.

Aber dieser Nachgeschmack, der blieb.

Wir fanden eine Wohnung, in der wir uns erst einmal orientieren konnten. Es gab Möbel und Geschirr, sodass wir keine Anschaffungen zu machen brauchten. Das hatten wir alles in Rajasthan getan und dann vor ein paar Wochen alles wieder verschenkt und verkauft. Wir begannen Yoga zu unterrichten und unsere Yogaschule bekannt zu machen. Wir gaben Workshops und Kurse und ich sammelte mehr Erfahrung mit dem Unterrichten. Auch hier fühlte ich mich wie reingeworfen in einen komplett neuen Teich, und das mit einer Geschwindigkeit, dass ich kaum Atem holen konnte. Es gab in meinem Leben keine äußere Sicherheit mehr. In Indien fiel das nicht so auf, umso mehr dann aber hier in Deutschland.

Nun ging es um Kinderwagen, Babyschalen, Babybetten, Kinderzimmer, Wohnungen, Kitas, Jobs und es war kaum möglich, sich dieser Welt, die auf uns einprasselte, zu entziehen. Gleichzeitig war es aber auch unmöglich, eine eigene Position dazu zu entwickeln, denn es war ja noch nicht klar, ob wir bleiben oder wieder gehen würden. Es fühlte sich alles an wie in einem Wasserbett. Nichts blieb da, wo es war. Nirgendwo konnte man sich festhalten, aber wir kamen da auch nicht raus.

Ich begann, Altes und Neues zu jonglieren, irgendwo dazwischen meine Haltung zu finden und dadurch Halt zu finden. Doch den hatte ich nach wie vor nur in Julian und unserer gemeinsamen Vision. Wir waren wie zwei Städter im Dschungel oder zwei Ureinwohner in der Großstadt. Exoten. Wer steht schon um vier Uhr am Morgen auf und übt Yoga, isst um 11 zu Mittag und geht um 18 Uhr schlafen? Das war unser Rhythmus in Indien gewesen. Monatelang. Und den hatten wir sehr genossen. Und weil wir darin Halt fanden, hielten wir diesen Rhythmus aufrecht. Doch ich spürte recht bald, dass es auf die Dauer nicht ging, permanent gegen den Strom zu schwimmen. Das kostet zu viel Energie. Für eine Weile definierten wir uns aber darüber und fanden unser Zuhause im Anderssein.

Unser Kind half mir dann aber, mich aus dieser Isolation zu befreien und Schritte in ein „normales" Leben zu tun. Wir mieteten eine eigene Wohnung, kauften Möbel und ich fand eine andere junge Mutter in der Nachbarschaft, mit der ich viele wunderschöne Stunden auf dem Spielplatz oder im Café verbrachte. Wir suchten nach Studioräumen und Möglichkeiten, uns auch beruflich immer mehr niederzulassen.

Ich fühlte mich zunehmend wohl in unserer neuen kleinen Welt, die wir uns allmählich einrichteten. Gleichzeitig hatte ich Angst, dass Julian das eigentlich nicht wollte und wir uns voneinander entfernen würden.

Also hielten wir uns weiterhin alle Möglichkeiten offen und sprachen über einen dauerhaften, aber gut geplanten Umzug nach Indien.

Die Dinge begannen, sich zu ordnen.

Und damit kehrte auch bei mir ein wenig Ruhe ein.

180 GRAD /2

The second thing I would do is I would close both of my eyes
And sing my thank yous to each and every moment of my life.
I go where I know the love is and let it fill me up inside
Gathering new strength from sorrow,
I'm glad to be alive.[12]

Jason Mraz[13]

WENDEPUNKT

Darüber, wie es ist, wenn das Leben plötzlich eine andere Wendung nimmt als erwartet und sich damit alles auf den Kopf stellt.

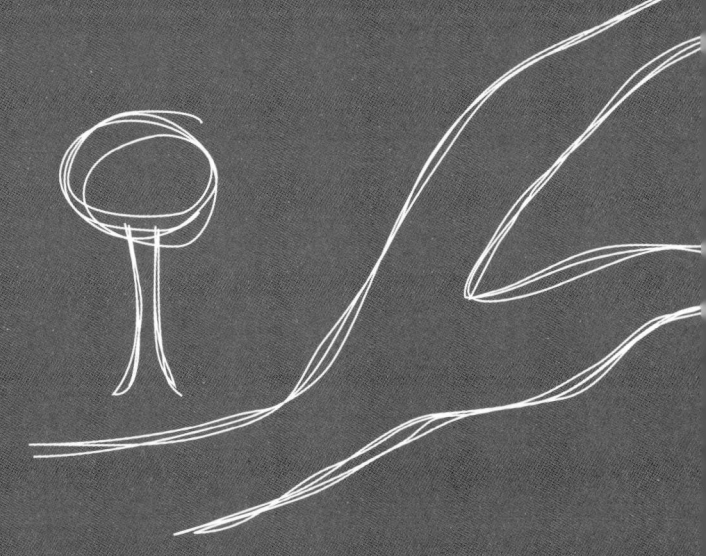

„Wollen Sie wissen, was es ist?"

„Ja!"

„Es ist ein Junge."

Klick. Die langen Haare fallen mir offen über die Schultern. Ich stehe mitten im Wald an einer Weggabelung und werde fotografiert. Es geht um eine Reportage über Wendepunkte. Ich soll ein solcher Wendepunkt sein. Die Karrierefrau, die alles aufgab und nach Indien ging. Heute ist der erste Geburtstag unseres verstorbenen Sohnes Luke. Die Sonne scheint an diesem Tag ekelhaft schön durch die grünen Baumwipfel.

Rückblende.

„Es ist ein Junge." Julian drückt glücklich meine Hand und mein Herz hüpft vor Freude. Nachdem ich vor gut einem Jahr Lea sogar noch bei der Geburt zu Leon gemacht hatte, weil ich so davon überzeugt gewesen war, dass es ein Junge wird, wollte ich dieses Mal schon vorher Gewissheit. Und so liege ich hier auf der Liege in der Frauenarztpraxis, trage unser zweites Kind unter dem Herzen und blicke auf den Bildschirm gegenüber. Ich denke für einige Momente an die Arztpraxis in Indien. Da gab es auch eine Liege, aber die war hinter einem grünen Vorhang versteckt und aus Metall. Das Ultraschallgerät sah aus wie ein alter Computer aus den 80ern und an der Wand hing ein Schild: *Sex determination is a criminal delict.*[14] Julian hatte dort hinter dem grünen Vorhang warten müssen. Jetzt sitzt er links von mir und rechts der Arzt mit dem Ultraschallgerät.

Ich habe extra meine Brille mitgenommen, damit ich alles sehen kann. Am liebsten würde ich schon aufstehen und vor Freude über unseren Babyjungen durch die Straße jubeln. Ein Mädchen und ein Junge – diese Aussicht gibt mir das Gefühl, dass wir doch irgendwie eine normale Familie sind. Und ich bin sehr erleichtert, dass manches auch bei uns in „geordneten" Bahnen läuft.

*Während ich in der Freude und der Hoffnung auf ein normales Familien-
leben bade, fährt der Arzt weiter mit seinem Gerät über meinen Bauch.*

Ich hoffe, dass er bald fertig sein wird, damit wir raus in die Sommerluft
und Kaffee trinken gehen können. Doch die wichtigen Untersuchungen sind
noch zu machen. Je länger das dauert, desto mehr wird mir bewusst, dass
die Feindiagnostik dazu da ist, Krankheiten, Anomalien und Gefahren auf-
zuspüren. Bei aller intensiven Beschäftigung mit dem Thema ist die Möglichkeit, dass etwas nicht in Ordnung sein könnte, nicht wirklich zu mir
durchgedrungen. Die Naivität der Erstgebärenden scheine ich mir trotz der
Erfahrungen mit unserer Tochter erhalten zu haben. Das merke ich hier auf
der Liege daran, dass ich erstaunt bin, dass der Arzt nicht lächelt und mich
nicht einfach fröhlich nach Hause schickt. Ich werde unruhig.

Nach zehn Minuten werden seine Bewegungen hektischer und sein Atem
seltsam ruhig. Ich blinzele ihn irritiert an, aber er schaut nicht zurück.
Ich reiße mich zusammen und warte weitere fünf Minuten, bis ich dann
schließlich frage:

„Alles okay?"

Der Arzt deutet mit einer Geste an, dass er noch ein wenig Zeit braucht.
Mein Herz wird eng und meine Gedanken rattern. Auf dem Bildschirm sehe
ich nur graues Gekrissel und bunte Linien, die der Arzt immer wieder neu
setzt. Abwechselnd blicke ich zu Julian, zum Arzt und zum Bildschirm, doch
nirgends finde ich einen Anhaltspunkt. Nirgendwo finde ich Ruhe und nirgendwo ist Halt. Es fühlt sich an, als würde ich fallen. Nach einer gefühlten
Ewigkeit des freien Falls hält der Arzt inne, schaut erst zu Boden und wendet
sich dann mir zu:

„Sie haben sicher gemerkt, dass ich sehr genau am Herzen geschaut habe. Da
ist leider etwas nicht in Ordnung."

Der Bildschirm zeigt noch die letzte Aufnahme.

Er macht das Gerät aus.

Und damit schließt sich auch ein Kapitel meines Lebens.

Der Tod ist wieder da.

Er steht im Raum,

so wie damals

auf Mallorca.

Ich erinnere mich, dass wir als Nächstes am Schreibtisch sitzen und der Arzt den Herzfehler unseres Sohnes auf ein weißes Blatt Papier malt. Wie im Biounterricht damals in der Schule versuche ich auch jetzt, alles ganz genau zu verstehen – mit dem Ergebnis, fast nichts zu verstehen. Was ich verstehe, ist: schwerer, komplexer Herzfehler. Operabel. Schwangerschaft nicht gefährdet. Geburt auch nicht. OP ein paar Wochen nach der Geburt. Schwerer, komplexer Herzfehler. Seltenheitsfaktor: 1:100.000.

„Sie dürfen die Zeichnung gerne mitnehmen."

Statt mit einem Foto unseres Babys in der 22. Woche werden wir mit einem weißen Zettel, auf dem in Schwarz der Herzfehler gezeichnet ist, in den Nebenraum begleitet. Wir weinen, glaube ich. Das soll man wohl besser in diesem Nebenraum tun, in einem guten Abstand zum regulären Praxisgeschehen. Man will ja schließlich niemandem Angst machen. Ein paar Monate später werde ich noch einmal in einen separaten Raum geführt. Separate Räume sind nie ein gutes Zeichen. Das lerne ich hier, in diesem Moment in irgendeiner Frauenarztpraxis in Berlin.

Während ich versuche zu verstehen, was das alles bedeutet, sehe ich an unserer halb geöffneten Tür eine hochschwangere Frau vorbeilaufen. Sie streicht sich über den Bauch und lächelt selig. Ihr Baby ist bestimmt gesund. Ihr Leben wird sich nicht in ein paar Minuten auf den Kopf stellen.

„Wir schaffen das."

Wie ein Roboter wiederhole ich diese Worte, bis ich die bohrende Frage spüre, die unter dem Satz verborgen liegt, und die Hoffnung, dass Julian mir das Vertrauen geben wird, das ich gerade so dringend brauche. Doch es kommt kein „Ja, wir schaffen das", denn auch Julian ist woanders. Wo, weiß ich nicht, aber er ist genauso wenig hier wie ich.

Verwirrt und traurig umschließe ich mit den Händen meinen Bauch. In all dem Ausgeliefertsein, was sich mit den Gedanken an Operationen, Schicksal und dem Lauf der Natur anbahnt, konzentriere ich mich auf das, was ich tun kann, oder zumindest meine, tun zu können.

Ich sage mehr zu mir als zum Baby, dass ich alles tun werde, damit es in den nächsten Monaten stark werden kann, dass ich weitere Ärzte fragen, meditieren, mich gut ernähren werde – und die schwerste Übung vollziehen werde, nämlich daran zu glauben, dass es eventuell eine Fehldiagnose sein könnte und eine Operation letztlich unnötig sein würde. Doch diese Gedanken, die mir helfen sollen, ein Gefühl von Kontrolle wiederzuerlangen, helfen nicht lange. Ich blicke auf den Zettel, den der Arzt gezeichnet hat, und seine Worte hallen in mir nach: ein schwerer, komplexer Herzfehler. Und mit diesen Worten spult sich in meinem Kopf ein anderes Programm ab: OP, Schläuche, Intensivstation, Herz-Lungen-Maschine, Narbe, Folgen ... Bei dieser Vorstellung wird mir schwindelig und ich drohe umzukippen. Also macht mein Kopf das einzig Richtige: Er steigt gedanklich aus.

Getrieben von Überforderung und Unruhe verlassen wir die Arztpraxis und hasten mit schnellen Schritten die Straße entlang, bis wir völlig atemlos sind.

Laufen wir vor etwas fort in diesem Augenblick? Ich merke nicht einmal, was ich bei dieser Geschwindigkeit gerade alles in mir selbst übergehe. Je weiter wir schweigend laufen, desto einsamer fühle ich mich.

Mich befällt das Gefühl – ein mir nicht unbekanntes, aber vielfach verdrängtes und oft auch bewusst negiertes Gefühl –, dass da etwas seinen Lauf nimmt, bei dem mein eigenes Tun und Wirken möglicherweise gar keine besondere Rolle mehr spielt. Ich spüre Fragen auf mich zukommen, auf die ich keine Antworten weiß. Und ich fühle mich allein, allein mit der Diagnose, allein mit unserem Sohn, allein mit allem.

Erinnerungen steigen in mir auf, Erinnerungen an das Glück, als wir uns in die Augen schauten und zueinander sagten: „Ja, wir möchten noch ein Kind zusammen haben."

Wir lagen in unserer Wohnung auf dem Boden. Unsere Tochter schlief im Schlafzimmer, und wir hatten Zeit für uns. Wir waren dort in der Berliner Wohnung an der großen Straße zwar nicht an dem Ort, an dem wir sein wollten, aber wussten auch nicht, wo wir sonst hinsollten, und hatten dort ein kleines Zuhause gefunden. Wir wollten diese Zeit der Neuorientierung nutzen, um uns dieses Mal gemeinsam auf das Leben vorzubereiten, auf ein Leben, das wir beide wollten, und nicht eines, wo einer nur mit dem anderen mitkommt. Wir hatten uns eine kleine Wohnung eingerichtet und uns damit eine Verschnaufpause geschaffen, nachdem wir drei Monate zur Untermiete gewohnt hatten und zu keiner wirklichen Entscheidung gekommen waren. Es war ein erleichterndes Gefühl, in den eigenen vier Wänden zu sein, aber es war auch ein seltsamer Beigeschmack dabei. Schließlich hatten wir uns unter ganz anderen Voraussetzungen getroffen. Wir hatten fast zwei Jahre lang unseren Aufbruch gelebt und nun waren wir wieder in der Stadt, in der alles begonnen hatte. Es war keine glückliche Entscheidung – eher eine Kapitulation oder vielleicht auch einfach Überforderung mit der neuen Situation als Eltern. Wir sprachen nicht viel darüber, vielmehr sorgten wir beide dafür, dass wir uns erst einmal gut einrichteten, um dann neu zu schauen.

Doch die eindeutige Klarheit vom Anfang wich allmählich einer neuen Mehrdeutigkeit, die sich mit der Geburt unserer Tochter einstellte. Es lag weniger an uns als an der Tatsache, dass wir nun Eltern waren. Doch den Unterschied konnten wir nicht wirklich sehen und wunderten uns zunehmend über den Lauf, den unser Leben nun nahm, und die Anstrengung, die damit einhergeht, wenn man sich dem entgegenstellen will. Es war so, als ginge nichts anderes, als hier zu sein und erst einmal durchzuatmen. Also richteten wir unsere Wohnung recht minimalistisch ein – so als könnten wir jederzeit wieder aufbrechen.

Weil wir schon bald wieder zurück nach Indien wollten und vielleicht auch weil wir uns selbst beweisen wollten, dass wir auch mit Kind noch frei sind, und wohl auch weil eine wichtige Fortbildung dort angeboten wurde, flogen wir ein paar Wochen, nachdem wir wussten, dass ich erneut schwanger war, wieder nach Indien. Ich spürte schon beim Hinflug, dass das eigentlich kein guter Zeitpunkt war, weil ich nach den Strapazen der Geburt, des Umzugs, des Aufbaus der Selbstständigkeit und den vielen Unsicherheiten eher eine Höhle zum Rückzug brauchte, einen Ort, an dem es tatsächlich möglich wäre aufzutanken. Dieser Ort war für Julian Indien, und für mich war dieser Ort bei Julian. Also flogen wir zusammen nach Indien.

Es war eine ambivalente Zeit. Das Training und die Erfahrungen dort bilden noch heute die Basis meines Unterrichts, und ich wäre ohne diese Zeit dort nicht fähig, so zu arbeiten, wie ich es jetzt tue, und meine Arbeit als Yogalehrerin ist ein elementarer Bestandteil meines Lebens. Es waren vier Wochen voller Inspiration. Jeder Tag war wichtig, jede Information essenziell.

Und in keiner Nacht bekam ich genug Schlaf. Der Säugling, das Kind in meinem Bauch, die Hitze, das frühe Aufstehen – alles zusammen raubte mir meine körperlichen Kräfte. Emotional und geistig wurde ich jeden Tag über alle Maßen versorgt, aber mein Körper war einfach müde und ich konnte wenig dagegen tun. Ich merkte dort, wie Nervosität und Reizbarkeit in mir zu wachsen begannen, die ich bisher nicht gekannt hatte und die mich seitdem immer wieder aufsuchen, wenn ich mich hin- und hergerissen fühle zwischen Möglichkeiten des persönlichen Wachstums und meinem Ruhebedürfnis.

Am letzten Tag des Trainings waren drei Monate der Schwangerschaft vergangen und wir berichteten unseren Mitschülern und Lehrern fröhlich von unserem Glück. Die Freude war auf allen Seiten überaus groß, und Julian und ich strahlten vor Freude, weil wir es tatsächlich nach Indien geschafft und das Training gemeistert hatten. Damit hatten wir nun die Basis unseres Unterrichtens und Wirkens und mit diesem Wissen nun auch den Grundstein für unsere kleine Familie gelegt. Wir hatten beide das Gefühl, eine Mission beendet und das letzte Puzzlestück gelegt zu haben.

Bis zum Ultraschall.

Die Zeit nach der Diagnose verbringen wir damit, alles Menschenmögliche zu tun, um die Situation zum Besten zu gestalten und zu wenden. Ich spreche mit verschiedenen Ärzten, recherchiere, bete und bange – und versuche nebenbei die Schwangerschaft zu genießen, weil es doch vielleicht das Einzige sein wird, was ich mit unserem Sohn teilen werde. Es ist komisch, aber ich kann mir in dieser Zeit nicht vorstellen, dass wir gemeinsam leben werden. Ich stelle mir zwar immer wieder bestimmte Bilder vor, wie etwa eine gemeinsame Motorradfahrt, aber dem haftet immer etwas Konstruiertes an, was ich mir damit erkläre, dass es Zukunftsbilder sind.

Eines Nachts träume ich von unserem Sohn, wie er mit langen blonden Haaren eine Wiese entlangläuft und keine Narbe auf der Brust hat. Jahre später wird dieses Bild Wirklichkeit, doch ist es unsere Tochter, die über die Wiese rennt. Aber ich kann schwören, dass es genau dieses Bild ist.

Nach außen hin versuchen wir uns nicht unterkriegen zu lassen von diesem Schlag, den die Diagnose für uns bedeutet, doch tief im Inneren sind wir zutiefst durcheinander. All meine Stärke gilt einzig dem Überleben unseres Sohnes, und diese Stärke setzt sich über jeden Zweifel hinweg, auch wenn es ganz tief drinnen diese große Überforderung und Einsamkeit gibt.

Mein Halt ist die Machbarkeit in aller Machtlosigkeit.

Ich plane akribisch die Geburt, den Geburtsort und die Klinik. Wir schauen uns Herzzentren an und sprechen mit Ärzten, Schwestern und Klinikchefs, um in all der Fremdbestimmung eine bewusste und selbstbestimmte Entscheidung treffen zu können. Meine Hebamme, die ich noch vor der Diagnose kontaktiert habe und die ich nach dem Ultraschallbefund anrufe, um mich zu verabschieden, weil eine Hausgeburt nun nicht mehr infrage kommt, weicht nicht von unserer Seite und betreut mich weiter, als habe es die Diagnose nicht gegeben. Das gibt mir Halt und das Selbstvertrauen, meinen und den Weg des Kindes doch in gewisser Weise selbstbestimmt zu gehen – Herzfehler hin oder her.

Die Diagnose stellt nicht nur das Vertrauen ins Leben auf eine harte Probe, sondern auch unser ganzes Leben und unsere Pläne auf den Kopf. Ein herzkrankes Kind in Indien? Undenkbar! Die Entscheidung, zu bleiben und unsere Lebenspläne entsprechend zu ändern, ist nun unausweichlich geworden, und die spartanisch eingerichtete Wohnung ist nun keine Zwischenlösung mehr, sondern unser einziger Halt.

Und so stecken wir unsere ganze Kraft in den Aufbau einer Existenz, die uns tragen wird, die erlauben wird, ein herzkrankes Kind zu betreuen, und in der wir nicht mehr davon ausgehen, dass Kinder einfach „mitlaufen".

Etwas später ziehen wir in ein Haus am Stadtrand, in dem wir auch unser Yogastudio aufbauen. Einen Tag vor der Studioeröffnung kommt unser Sohn auf die Welt. Ich befülle gerade Sitzkissen mit Bio-Dinkelspelz, als die ersten Wehen einsetzen. Zunächst sage ich niemandem Bescheid, weil ich nicht will, dass es losgeht. Schließlich steht erstens die Studioeröffnung bevor und zweitens ist da der Gedanke, was passieren wird, wenn das Kind den vielleicht sichersten Platz, den es je besitzen wird, verlassen muss. Die Vorstellung, das Kind aus meinem Bauch zu entlassen in seine Krankheit hinein, ist grausam für mich. So oder so, ich kann nicht verhindern, dass er sich seinem Schicksal stellen muss, aber wie vermutlich jede Mutter suche ich dennoch nach Mitteln und Wegen, ihn davor zu bewahren.

Nach einigen Stunden kann ich die Intensität der Wehen nicht mehr verbergen und wir rufen die Hebamme an.

Wir fahren sofort in die Klinik. Auf allen Vieren krieche ich nach einer endlos scheinenden Autofahrt die letzten Meter in den Fahrstuhl des Krankenhauses. Als ich im Kreißsaal ankomme, können die Ärzte das Kind gerade noch auffangen, das wie ein Komet auf die Erde schießt. Die Hebamme sitzt an meiner Seite und spricht mir und meinen Tränen leise Trost zu, während Julian die Ärzte an unsere Vorgespräche und unsere Akte erinnert, damit man uns das Baby nicht wegnimmt, sondern es mir auf die Brust legt. Und da bleibt es dann auch die meiste Zeit, bis wir ein paar Stunden später nach Hause fahren.

Die Operation soll in zwei bis sechs Wochen stattfinden; dann werden langsam die ersten Zeichen einer Ateminsuffizienz einsetzen. Bis dahin will ich unser Kind nicht loslassen, sondern es so gut es geht stärken für den großen Tag.

Am nächsten Tag ist die Studioeröffnung, ein großer Tag, auf den wir lange hingearbeitet haben. Wir haben uns nicht nur dafür entschieden, wieder in Deutschland zu leben, sondern auch dafür, Menschen einen Ort zu schenken, an den sie kommen können, wenn sie sich nach Stille und Tiefe sehen. Es ist ein schönes Studio, das wir mit viel Liebe zum Detail ausgesucht und hergerichtet haben. Wir wollen unsere Arme damit öffnen und die Erfahrungen aus unserer Zeit der Erforschung und der Weiterbildung in Indien weitergeben; damit haben wir uns nicht nur zueinander bekannt, sondern auch zu unserer gemeinsamen Arbeit.

Die Ereignisse an dem Tag der Studioeröffnung rauschen nur so an mir vorbei. Es sind viele Menschen da, Julian ist ganz in Weiß gekleidet und es werden Mantren gesungen. Sechs Monate haben wir auf diesen Tag hingearbeitet. Wir sind voller Stolz, Freude und Glück – wegen unseres Kindes, dem Studio und der Hoffnung auf eine gute Wendung, aber die Angst und die Sorge hängen wie ein Schleier über unseren Herzen, auch wenn das außer uns niemand sehen kann.

Zwei Wochen später sitzen wir im Auto und fahren in das Herzzentrum in Leipzig, das wir uns ausgesucht haben. Es ist etwa 200 Kilometer entfernt, aber anders als bei uns in Berlin, kann man dort ein Apartment neben dem Krankenhaus beziehen. An einer Raststätte wickele ich unser Baby und unsere Tochter schaut von hinten neugierig zu, während Julian tankt. Nichts, aber auch nichts deutet darauf hin, dass wir eine Familie in Angst sind. Dort an der Raststätte sind wir eine ganze normale Familie, die in den Urlaub fährt.

Im Krankenhaus werden Aufnahmetests gemacht. Gegen jeden einzelnen will ich mich wehren. Mir kommt alles vor wie Schikane, und mein Drang, einfach abzuhauen, wächst mit jeder weiteren Prozedur. Am Abend liege ich mit unserem Kind im Krankenhausbett, und Julian und unsere Tochter sind in dem Apartment ca. 100 Meter Luftlinie entfernt. Wie gern wäre ich bei ihnen.

Wir kuscheln uns aneinander und ich blicke in seine großen braunen Augen, die er fast immer geschlossen hat – außer in dieser Nacht. Wir schauen uns an, immer und immer wieder. Er macht unüblicherweise viele Geräusche, als wolle er mit mir sprechen, aber ich verstehe ihn nicht. Die bevorstehende OP hängt wie ein Damoklesschwert über uns. Soll dies die letzte Nacht mit meinem Sohn sein?

Zwischendurch kommt per Handy ein kleiner Familienfilm von Julian und unserer Kleinen von nebenan aus dem Apartment; wie sie zusammen Spaghetti essen, glaube ich. Mir laufen die Tränen und ich versuche verzweifelt, eine Lösung dafür zu finden, wie wir zusammen sein können und wie das alles einfach nicht wahr sein kann. Irgendwann schlafen wir dann ein.

Mitten in der Nacht wache ich auf. Ich kann das nicht geschehen lassen. Alles in mir ruft: „Hau ab! Nimm dein Kind und geh weg. Halte es im Arm, bis es stirbt, aber lass es dir hier nicht wegnehmen und töten." Es ist ein komplexer Herzfehler, für dessen Operation die Herz-Lungen-Maschine eingesetzt wird; eine Operation, nach der das Baby drei Tage sediert und mit offenem Brustraum bleiben wird; eine Operation, die nicht immer gutgeht. Schließlich hat die Natur es im Fall von uns Menschen so eingerichtet, dass für die zwei unterschiedlichen Kreisläufe von Herz und Lunge nur ein Gefäß zur Verfügung steht. Der Eingriff betrifft also zwei lebenswichtige Bereiche:

das Herz und auch die Lunge und damit den Rhythmus des Lebens und seinen Atem. Die Erfolgsquote ist statistisch gesehen nicht schlecht. Aber was bedeutete das schon? Als ich mir klarmache, um welch einen massiven Eingriff es sich handelt und welche Eingriffe auch in Zukunft noch nötig sein werden, wird mir einfach nur schlecht.

Ich fühle mich in dieser Nacht wie eine Irre und gleichzeitig ganz klar. Der klare Teil in mir beschwichtigt die Irre, indem er sagt, dass der Kleine durch die OP eine Chance hat, und zwar eine sehr gute. Und die Irre in mir schreit den klaren Teil an, dass der doch genau wisse, dass das nicht stimme. In dieser Nacht wird mir klar, wie sehr Angst und Panik sich verselbstständigen können und wie wenig man daran ändern kann, weil die Unterscheidungsfähigkeit komplett verschwindet. Man kann nicht mehr fühlen, was Intuition ist und was der schiere Amok. Es fühlt sich beides gleich an, wenn die Panik sich das Kleid der Intuition anzieht. Und manchmal ist es sogar so, dass beide nebeneinander existieren. Da ist die Angst auf der einen Seite, die völlig real ist, und da ist die Intuition auf der anderen Seite, die auch ebenfalls völlig real ist. Es ist nur so, dass die beiden nicht zusammenkommen, weil sie auf zwei unterschiedlichen Blättern stehen. In einem solchen Dilemma möchte man dann nur eins: Klarheit. Und man versucht diese dann mit aller Willenskraft herzustellen. Doch wo soll es Einigung geben, wenn nicht einmal Kompromisse möglich sind?

In der Stille.

Aber die ist in Situationen, die das blanke Überleben betreffen, oft schwer zu erreichen.

Ich rufe meine Freundin an und erzähle ihr von meinen Impulsen. Sie sagt, dass sie mich verstehen könne, aber dass es unterlassene Hilfeleistung sei, wenn ich das Krankenhaus mit meinem Sohn verließe. Dieser Paragrafensatz bringt mich zurück in die Realität und plötzlich kann ich unterscheiden zwischen dem einzigen Weg, den man hier gehen kann, und meinem Mutterherz, das das Kind unter allen Umständen bei sich halten will.

Ein paar Stunden später stehe ich mit unserem Baby im Arm, der Kleinen an der Hand und Julian im Rücken vor der Schleuse zum Operationssaal. Die große Tür zum OP-Saal öffnet sich und Ärzte in Grün und Weiß und mit Mundschutz treten auf uns zu. Einer von ihnen breitet seine Arme aus, um unser Kind in Empfang zu nehmen. Ich drehe mich leicht zur Seite und drücke unser Baby das letzte Mal schützend an mich.

Einer der grünen Menschen beginnt mit mir zu sprechen. Ich sehe, dass sich sein Mund bewegt, aber ich verstehe nichts; irgendwas, dass alles gut wird, dann etwas schärfer, dass es nun an der Zeit sei zu beginnen.

Die Panik bricht über mich herein und ich übergebe schluchzend unser Baby in die sich mir immer noch entgegenstreckenden fremden Arme. Das Baby schaut in meine Richtung. Ich küsse ihn noch, während sich die Mannschaft bereits abwendet. Und dann ist er verschwunden.

Das ist das letzte Mal, dass ich in seine wachen Augen schaue.

Wir fahren einkaufen. Einige Stunden sind nun zu überbrücken. Julian steuert das Auto, und ich bin überrascht, wie koordiniert er alles machen kann. Er lacht sogar ab und zu. Als wir an einer Kirche vorbeikommen, schreie ich: „Stopp!", und steige aus, aber die Kirche ist zu. Ich starre auf mein Handy. Der Chirurg will mich anrufen, sobald die OP vorbei ist. Zwischendurch unterhalte ich mich mit Julian darüber, ob wir Spaghetti oder Linguine kaufen sollen. Ich finde diese Gespräche fast brutal, merke aber auch, dass Julian für mich sorgen will, weil er mit der Kleinen am nächsten Tag wieder fahren muss, um unser Yogastudio weiterzuführen.

„Linguine."

Ein paar Stunden später klingelt das Telefon. Die Operation ist gut verlaufen. Wir tanzen durch das Apartment, und zum ersten Mal seit der Diagnose ist meine Hoffnung nicht mehr gefärbt von Befürchtung. Ich bin ganz beschwingt und wir spielen mit der Kleinen auf dem Spielplatz am Krankenhaus. Am Abend können wir zu ihm.

„Wir haben den Brustraum noch offen gelassen, damit alles abschwellen kann. In drei Tagen machen wir das zu. Bis dahin ist der Kleine sediert."

Ich habe nicht damit gerechnet, dass unser Baby direkt wach sein würde, aber dass es ein paar Tage dauern wird, war mir nicht klar, obwohl man uns das sicher gesagt hat. Alle Euphorie schwindet mit einem Mal. Und als ich die Intensivstation betrete und ihn verkabelt in seinem Bettchen liegen sehe, breche ich zusammen und renne wieder raus. Noch während ich rausrenne, wird mir klar, dass ich nicht weglaufen kann, sondern dass das da drinnen jetzt meine Aufgabe ist. Ich bleibe stehen, drehe mich um und gehe zu meinem Sohn.

Er bleibt zwei Wochen dort – und macht nie wieder die Augen auf.

Und so stehe ich an seinem ersten Geburtstag im Wald und werde fotografiert, weil mein Leben vor ein paar Jahren einen großen Wendepunkt nahm. Als ich alles aufgab und nach Indien ging. Doch der eigentliche Wendepunkt in meinem Leben, das war nicht Indien, das ist der Tod unseres Sohnes.

Das denke ich zumindest zu diesem Zeitpunkt, nicht wissend, dass eine andere lebensverändernde Nachricht nur einen Telefonanruf von mir entfernt auf mich wartet.

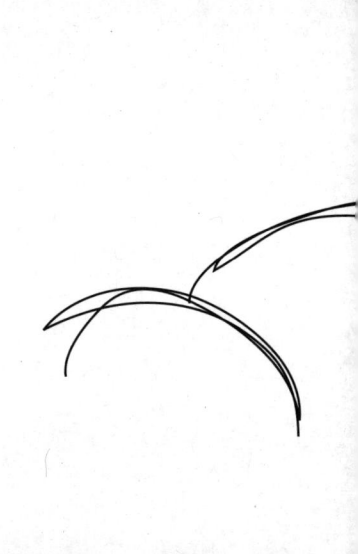

KREBS

Darüber, wie es ist, wenn der Tod nicht mehr nur eine
in der Ferne liegende Unumgänglichkeit ist, sondern sich
plötzlich mit an den Abendbrottisch setzt.

„Schatz, hier ist Julian.

Ich ...

Ich habe die Ergebnisse ...

Es ist Krebs.

Komm so schnell du kannst."

Nie lege ich mich mittags hin. Doch nach dem Fotoshooting zum Wendepunkt, bei dem wir fast zwei Stunden nach einer Weggabelung im Wald gesucht hatten, an der ich fürs Foto stehen sollte, um zu zeigen, dass es im Leben nicht immer geradeaus geht und wir die Wahl haben, welchen Weg wir gehen, bin ich müde. Ich mache mein Handy aus, denn ich brauche komplette Ruhe. Auch das kommt nie vor. Mein Handy ist immer an und ich bin fast immer erreichbar. Die Kleine und ich schlafen beide für eine halbe Stunde ein. Ich bin im fünften Monat schwanger und kann die Pause gut gebrauchen. Julian ist im Krankenhaus, um endlich seinen immensen Gewichtsverlust der letzten Monate abklären zu lassen, und die Kleine und ich wollen nach dem Mittagsschlaf zu ihm fahren.

Punkt halb drei wache ich von meinem Wecker auf. Die Kleine schläft noch. Ich schalte mein Handy ein. Eine neue Nachricht. Es ist Julian, der mir sagt, dass er Krebs hat.

Mein Herz rast. Ich weiß nicht, was ich zuerst machen soll. „Komm so schnell du kannst" sind die Worte, die mir von der Nachricht noch im Ohr sind. Ich wähle seine Nummer.

„Schatz!"

Weinen am anderen Ende.

„Ich komme sofort. Ich packe die Kleine ein und rufe ein Taxi. Ich bin gleich da. Wir schaffen das."

Wir schaffen das?

Ich bin auf Autopilot. Alle möglichen Stresshormone haben die Kontrolle über mein System übernommen. Ich funktioniere.

Ich rufe ein Taxi, packe Kindersachen zusammen und rufe meine Mutter an. Zehn Minuten später sitzen wir im Auto. Fünf Minuten später sind wir bei meiner Mutter, 15 Minuten später in Julians Zimmer. Meine Mutter geht mit der Kleinen raus. Die Ärzte sind da und sprechen. Julian und sein Vater hören zu. Ich versuche zu verstehen, um was es geht. Man bezieht mich mit ein, beginnt von vorn. Es geht um Optionen. Optionen? Was gibt es außer einer OP für Optionen? Julian und ich sind uns sicher: besser heute als morgen operieren. Man bittet uns um Geduld. Es sollen Untersuchungen gemacht werden, um Metastasen auszuschließen, und es wird beratschlagt, ob eine Chemo im Vorfeld hilfreich sein könnte.

Ich merke, wie ich nicht bei mir bin, obwohl alles den Anschein danach hat. Ich bin klar und präsent, aber ein Teil von mir ist nicht da. Alles in mir tut nur so, als sei es klar und präsent. Und obwohl ich das merke, kann ich nichts dagegen tun. Ich spiele mein eigenes Spiel mit, weil ich weiß, dass es mich schützt – vor dem Zusammenbruch, denn den kann ich mir nicht leisten.

Mein Mann liegt abgemagert mit Krebs im Krankenhaus. Meine kleine Tochter ist gerade mal zweieinhalb Jahre alt. Ich bin schwanger, und zu Hause muss das Yogastudio betrieben werden. All das wäre noch irgendwie möglich gewesen, aber jetzt soll alles ohne den wichtigsten Halt in meinem Leben stattfinden müssen: ohne Julian. Denn der muss sich jetzt um sich kümmern.

An diesem Abend fahre ich mit dem Wissen nach Hause, dass Julian sich in den nächsten Tagen einer schwierigen OP unterziehen wird, bei der ihm ein Großteil seiner Organe entfernt werden soll; einer OP, die lebensrettend sein kann, sagen die Ärzte – so wie damals bei Luke. Damals war es die lebensrettende OP, die seinen Tod bedeutete. Bilder von vor einem Jahr steigen in mir auf:

Die Schleuse.

Die Ärzte in Grün mit Mundschutz.

Sein letzter Blick.

Die Intensivstation.

Die letzten Töne der Herz-Lungen-Maschine, bevor sie für immer verklingt.

Ich sitze in der Bahn. Die Kleine auf meinem Schoß, das Ungeborene in meinem Bauch. Ich kann kaum atmen. Alles fühlt sich eng an. Ich kriege keine Luft. Als wir aussteigen und mir die kalte Herbstluft ins Gesicht streicht, geht es mir besser.

Ich beginne wieder in Julian zu vertrauen, ins Schicksal und in meine Kraft. Diese Momente der Hoffnung kommen genauso unvermittelt wie die Momente der tiefen Verzweiflung. Manchmal ist es nur ein Luftzug weit entfernt. Ich wünschte, ich könnte stabiler sein in meinen Empfindungen und selbstbestimmter. Doch bei allem Gedanken-Training, das in den alltäglichen Situationen des Lebens hilft, bleibe ich hilflos in der sich aufbäumenden Angst davor, meinen Mann und unser Leben zu verlieren. Ich kenne das Wort für die Angst vor dem Tod aus den indischen Schriften (*Abhinivesha*), aber unter diesen Umständen bleibt es nur ein Wort, ein Konzept, das ich sehen kann, weil es so sehr auf mich zutrifft.

Ich versuche gegen dieses Gift im Kopf vorzugehen, indem ich bewusst atme, indem ich mich besinne auf die Tatsache, dass alles im Leben genau so gut ist, wie es ist, indem ich mir vor Augen führe, dass ich nichts weiß. Diese Mechanismen entspannen mich, genauso wie die Herbstluft es tut. Doch zeitgleich mit dieser Entspannung kommen tief aus dem Bauch die düsteren Ängste nach oben.

Ich schiebe den Buggy die Straße entlang zu unserem Haus. Kein Licht brennt. Julian ist nicht da. Er und der Krebs sind im Krankenhaus. Ich öffne die Tür und betrete das leere Haus.

Ich erinnere mich, wie Julian und ich vor einem Jahr fast um die gleiche Zeit mit einem leeren Kinderwagen aus dem Krankenhaus nach Hause kamen. Wie Julian die Tür aufschloss und ich meine Tränen unterdrückte, damit die Kleine, die schon schlief und soeben ihren Bruder verloren hatte, weiterschlafen konnte. Hier an der Eingangstür zu unserem Haus weinte ich aus Trauer und aus Scham. Ich kam mit leeren Händen – so leer wie die Babyschale, die ich in den Händen hielt, und so leer wie die wenigen Anziehsachen, die ich in meiner Tasche trug.

Ich kam mit leeren Händen. Dieses innere Bild zerriss mich fast. Ich hatte es nicht geschafft, unseren Sohn sicher wieder nach Hause zu bringen.

Ich erinnere mich an diesen letzten Tag in seinem kleinen Kinderleben: Einige Stunden zuvor ist er noch am Leben, wenn man das Existieren an der Herz-Lungen-Maschine so nennen kann. Wie jeden Tag gehe ich früh am Morgen auf die Intensivstation. Der Warteraum ist voll. Das bedeutet nichts Gutes, und tatsächlich: Die Eltern werden rausgeschickt. Das ist immer der Fall, wenn etwas Schlimmes passiert ist oder eine dramatische Neueinlieferung kommt. Und dramatisch sind sie alle, denn schließlich ist das hier die Intensivstation. Ich bete, dass es nicht wegen unseres Sohnes ist, und gleichzeitig weiß ich, dass es seinetwegen ist. Ich klingele. Ich werde gebeten zu warten. Ich klingele erneut. Ich werde wieder gebeten zu warten. So geht das etwa eine Viertelstunde.

Dann das erleichternde Türsummen. Alle Eltern stürmen rein. Ich sehe den Operateur mit seinem Team vorbeigehen und höre ihn zu seinen Kollegen sagen: „Und dann hat es einfach Bumm gemacht. Da war nichts mehr zu machen." Mehr kann ich nicht verstehen, weil sich dann die Tür hinter ihnen schließt und ich dem Strom der Eltern die Gänge entlang folge, vorbei an den Fotowänden mit Danksagungen.

Als ich gerade nach rechts in Lukes Saal abbiegen will, spüre ich eine starke, aber sanfte Hand auf meiner Schulter. Es ist der Oberarzt, der mich in sein Zimmer lenkt. Ich blicke noch einmal über die Schulter, um das zu sehen, von dem er nicht will, dass ich es sehe. Der Saal, in dem Luke immer gelegen hat, ist bis auf ein Bett leer. Überall hängen Apparaturen von den Wänden. Tücher liegen auf dem Boden, Tücher mit Blut. Und ganz in der Mitte des großen Raums, da steht ein einzelnes kleines Babybett.

Der Oberarzt, der uns von Beginn an intensiv betreut hat, redet sanft, aber klar mit mir. Ich schaue ihn mit großen Augen an, sauge jedes seiner Worte auf, bis ich die entscheidende Information höre: „Wir müssen jetzt die Maschinen abstellen." – „Hat es Zeit, bis mein Mann hier ist?", höre ich mich fragen. Ich sehe, wie er aus Nettigkeit bestätigt, aber auch zu verstehen gibt, dass es jetzt besser sei. Ich kann das nicht entscheiden, ohne meinen Sohn zu sehen. Ich gehe in den Saal und sehe schon von Weitem sein Gesicht, das er zu mir gedreht hat. Es ist, als schreie er mir entgegen: „Mach die Maschinen aus."

Entsetzt gehe ich zurück und rufe Julian an. Er ist einverstanden, dass ich das allein mache. Und so gehen wir erneut in den Saal. Ich setze mich wie immer an seine Seite, halte mit der einen Hand seinen Fuß und mit der anderen seinen Kopf. Hinter mir steht eine Schwester und streichelt meinen Rücken. Ich brauche das nicht, aber ich habe auch keine Kraft zu sagen, dass ich das nicht will. Vielleicht ist es gut, dass sie da ist. Was weiß denn ich. Vor mir steht der Oberarzt an der Maschine und dreht auf mein Zeichen hin die Funktionen ab. Ich singe, ich bete, ich bin wie in Trance. Obwohl ich sehe, dass die Maschine aus ist, spüre ich das Leben nicht aus meinem Sohn weichen. Auf dem Monitor sieht man, wie sein Herz schlägt. Und schlägt. Und schlägt. Das ehemals kranke Herz, repariert und stark wie das eines Löwen. Es hört nicht auf zu schlagen. Das Leben will leben, egal wie krank es ist. Und es kämpft und kämpft.

Im Wing Tsun-Unterricht[15] meiner Tochter sagen sie immer am Ende der Stunde: „Im Herzen liegt die Kraft. Und solange mein Herz schlägt, habe ich Kraft."

Und plötzlich spüre ich, wie die Kraft weicht und er geht.

Und auch ich will raus. Ich verlasse die Station und laufe und laufe und laufe. Der Bannkreis, der in den letzten zwei Wochen um die Klinik herum gezogen war, ist aufgebrochen. Es gibt ihn nicht mehr. Die Verbundenheit zu meinem Kind hat nun nichts mehr mit einer Meteranzahl in Luftlinie zu tun. Ich fühle mich frei. Ich laufe und laufe und laufe, so lange bis Julians S-Bahn ankommt. Ich laufe ihm entgegen, und als ich ihn sehe, beginne ich zu weinen. Ihn zu sehen bedeutet, uns zu sehen, unsere Familie, unser Leben und die Wendung, die es nun genommen hat. Unweigerlich. Wir gehen zurück zur Intensivstation, wo man unser Kind vorbereitet hat. Die Maschinen sind weg, der Boden ist sauber, das Bettchen weiß. Die OP-Narbe verläuft über den gesamten kleinen Oberkörper. Der Bauch ist noch warm, der Rest schon kühl. Julian hält ihn über Stunden im Arm, während ich das Bestattungsunternehmen kontaktiere. Ich insistiere so lange, bis die Klinik sich bereit erklärt, alles noch heute fertig zu machen, damit unser Kind nicht in die Kühlung muss. Am Abend kommt der Wagen und bringt einen zu kleinen Sarg mit. Unser Sohn ist in diesen zwei Wochen unter all den Bedingungen tatsächlich gewachsen. Wir müssen ihn im Meditationssitz in den Sarg legen. Als das schwarze Auto langsam Richtung Berlin davonfährt, kommt die Leere.

Wir räumen das Apartment aus. Im Kühlschrank türmen sich die Behälter mit der Milch, die ich in den letzten Wochen vorgestillt habe für die Zeit nach der OP. Ich rufe bei einer Stelle an, die Milchspenden annimmt. Sie wollen meine Milch nicht mit der Begründung, dass sie nicht wüssten, ob ich gesund sei oder rauche. Ich schreie ins Telefon, dass ich gerade mein Kind verloren habe und nicht auch noch meine Milch, die ich in Liebe und absoluter Hingabe abgepumpt habe, ins Klo schütten wolle. Daraufhin erlaubt man mir zu kommen. Was letztendlich mit der Milch geschieht, weiß ich nicht, aber ich gebe sie in gute Hände. Und das ist es, was wichtig für mich ist.

Als wir in den Zug nach Berlin steigen, sind meine Brüste voller Milch und es schmerzt. Ich habe die Pumpe in der Klinik gelassen. Medikamente habe ich abgelehnt. Ich brauche diesen äußeren Schmerz, weil er mein Innerstes sichtbar macht. Als wir zu Hause ankommen und nach oben gehen, ist die Kleine noch wach und wir schlafen in dieser Nacht alle in einem Bett und schenken uns Wärme.

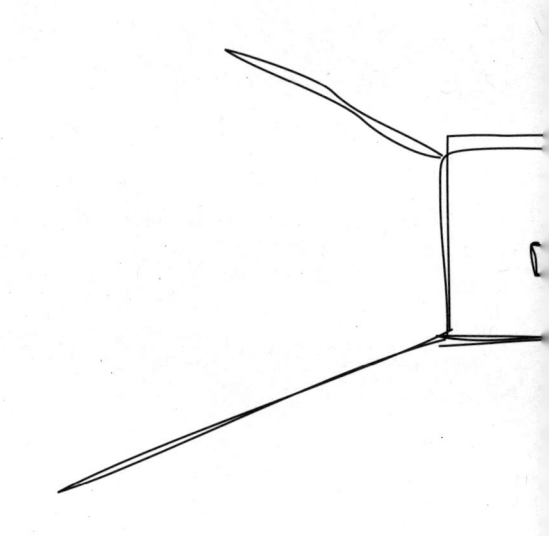

DER WEG

Über die Frage, ob man Entscheidungen trifft oder ob sie getroffen werden.

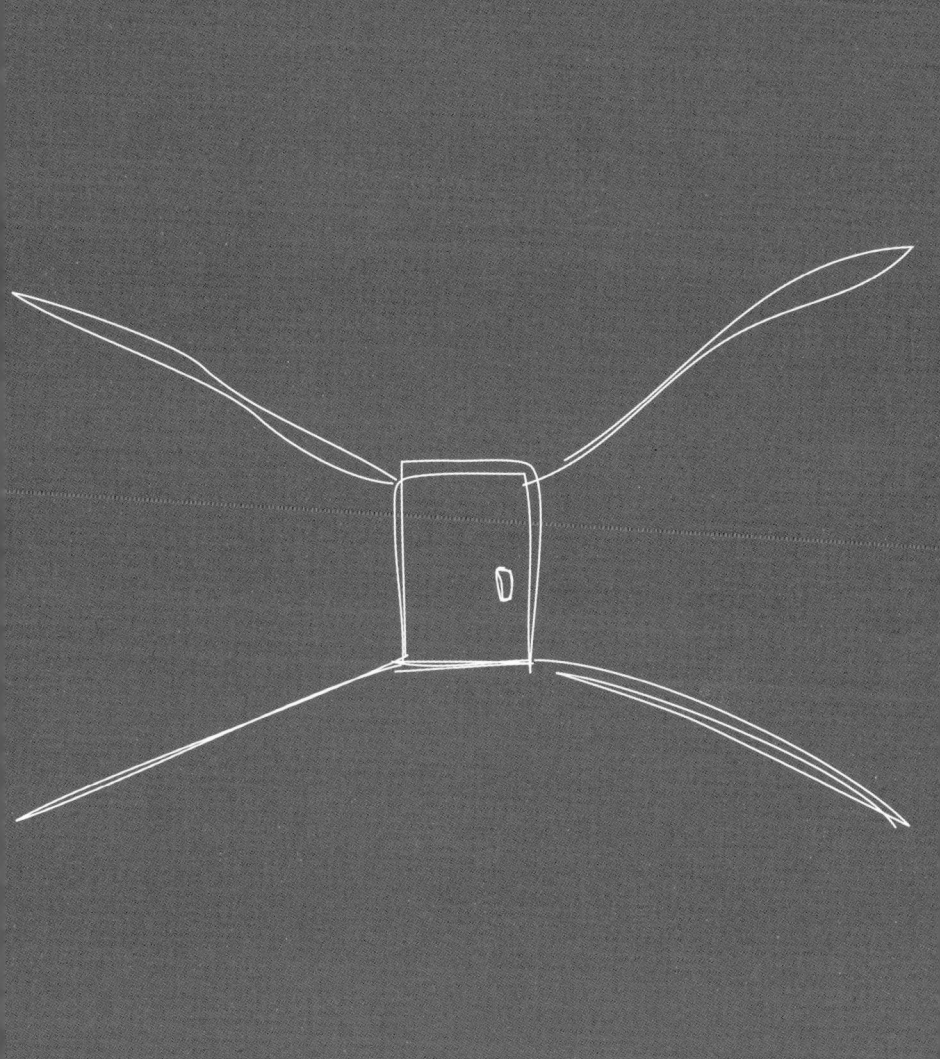

„Es ist mein Weg."

„Aber ..."

„Es ist mein Weg!"

Als ich abends erschöpft nach Hause komme, bringe ich zunächst die Kleine ins Bett und setze mich dann an den Schreibtisch. In der Schreibtischschublade sehe ich die Medikamente, die Julian nehmen sollte, als er vor ein paar Monaten über Magenschmerzen klagte und bereits zehn Kilo abgenommen hatte. Wären diese Medikamente die Rettung gewesen? Und wenn ja, wieso hatte er sie nicht genommen? Hatte es wirklich an den Aussagen der Heilpraktiker gelegen, dass es ein Virus mit Namen Epstein-Barr sei, an dem er leide? Oder war es Julian selbst, der das glauben wollte und sich nur die richtigen Leute suchte, um sich das bestätigen zu lassen? Oder war es seine Idee, sich aus sich selbst heraus zu heilen? Wieso hat er bei der Magenspiegelung keine Narkose gewollt, sodass die Ärztin diese dann abbrechen musste und eine eventuell rettende Diagnose nie zustande kam? Wieso hat er es hingenommen, als er Kilo um Kilo verlor? Warum?

Ich schließe die Schublade wieder.

Und zwar nicht nur die Schreibtischschublade, sondern vor allem auch die in meinem Kopf, die mich fast wahnsinnig macht, die Schublade der unbeantworteten Fragen.

Mein E-Mail-Programm öffnet sich und 15 neue Nachrichten mit Buchbestellungen von Julian werden angezeigt. Als ich den Titel des ersten Buches lese, wird mir schlecht: „Die Öl-Eiweiß-Kost". Mir wird nicht schlecht, weil ich Öl oder Eiweiß nicht mag, mir wird schlecht, weil ich meinen Mann kenne und weil ich sehe, was da gerade passiert, und spüre, dass das Gefahr bedeutet.

Die weiteren Titel sind ähnlich und versprechen Krebsheilung ohne Schulmedizin. Nachdem die aufsteigende Panik in mir sich in eine konzentrierte Ruhe verwandelt hat, rufe ich Julian an und versuche mit ihm zu sprechen.

Es ist schon spät, aber Julian klingt sehr wach. Meine Befürchtungen beginnen sich Wort um Wort, das er spricht, zu bestätigen.

Julian hat seine OP abgesagt, die Verlegung in ein anthroposophisches Krankenhaus eingeleitet und sich einen Port legen lassen, um sich parenteral[16] ernähren zu können. Ich spüre beim Sprechen, dass ich, sobald ich Kritik zu äußern versuche, den Kontakt zu ihm verliere, also versuche ich zu balancieren. Ich unterstütze den Krankenhauswechsel, damit er zur Ruhe kommen kann, hoffend, dass auch im anthroposophischen Krankenhaus alles getan wird, um den Tumor zu entfernen. Ich sage, wie gut ich das finde, dass er sich so gut informiert, und versuche herauszufinden, ob er das Ganze komplementär machen, also Schulmedizin und Alternativmedizin verbinden möchte, oder ob er sich ausschließlich auf die Kraft der Selbstheilung verlassen möchte.

Er sagt: „Ich weiß es nicht. Ich brauche Zeit."

Diese Antwort lässt meine Panik wachsen.

In mir melden sich mehrere Kräfte, die ich nicht voneinander unterscheiden kann und die mich durch die ganze Zeit der Erkrankung begleiten werden:

Ich vertraue Julians Kraft und seinen Entscheidungen, die uns oft an Punkte der Weiterentwicklung gebracht haben, die ich so nie erreicht hätte.

Ich bin wütend, dass meine Intuition keine spürbare Relevanz hat in seiner Entscheidungsfindung, die nicht nur ihn, sondern auch unsere Familie betrifft.

Ich verzweifle an der Machtlosigkeit und daran, nicht das Richtige tun zu können, weil es das Richtige nicht zu geben scheint. Selbstbestimmung hat einen hohen Wert für mich und ich möchte daher alles Unterstützende tun, dass Julian seinen Weg gehen kann. Aber ich spüre auch, dass sich das Thema „Selbstbestimmung" mit der Verantwortung als Eltern verändert. Ich möchte sprechen, mich austauschen, eine sinnvolle Entscheidung treffen.

Julian möchte schweigen und sich auf seinen Weg fokussieren. Und da kommen wir nicht zusammen.

Weil ich aber zusammenkommen möchte, stelle ich mich die meiste Zeit hinter ihn und folge seinen Impulsen, passe so gut es geht auf, dass ich es nicht verpasse, falls er sich anders entscheidet; werde aufmerksam wie ein Luchs und sterbe dabei innerlich mit.

Noch immer habe ich keine Antwort darauf, was richtig gewesen wäre, wer von uns richtig gedacht und gehandelt hat, wer fahrlässig. Doch eines hängt mir immer wieder aufs Neue wie ein kalter Schauder nach: die Unbarmherzigkeit der Situation, zusammen mit dem Kampf gegen die Zeit.

Wie soll man sich entscheiden, wenn man mit 35 Jahren vor die Entscheidung gestellt wird, dass man nur eine Überlebenschance hat, wenn ein paar Organe entfernt werden müssen, unter anderem ein beträchtliches Stück des Magens? Wie soll man sich entscheiden, wenn man dachte, dass man gesund alt werden würde und plötzlich mit Glück in eine Statistik passt, die nach fünf Jahren Krebsfreiheit anfängt von Heilung zu sprechen, die aber erst nach 15 Jahren als wirklich erreicht gilt?

Wie soll sich ein junger Mann mitten in seiner Kraft da entscheiden? Besonders wenn er seit Jahren nichts anderes tut, als gesund zu leben? Ein Mann, der denkt, dass er die Dinge auch allein schaffen kann?

Ich weiß es nicht, denn ich war und bin kein junger Mann. Ich bin nicht Julian. Und trotzdem haben seine Entscheidungen einen großen Einfluss auf mein Leben, das ein gemeinsames Leben ist und auch als solches gedacht war. Der Berufsweg des Yoga – ich weiß nicht, ob ich ihn ohne Julian gegangen wäre. Die Heirat – ich weiß nicht, ob ich ohne Julian überhaupt in meinem Leben geheiratet hätte. Die Kinder – ich weiß nicht, ob ich ohne Julian in den Familienwunsch gewachsen wäre.

Mein ganzes Leben fußt, seitdem ich Julian getroffen habe, auf Entscheidungen, die wir gemeinsam getroffen haben, und ist eine Vision zu zweit. Und er ist der Motor. Es erfüllt mich mit Panik, dass dieser Antrieb an meiner Seite seine Energie nun seinem eigenen Leben widmet, unser ganzes, gemeinsames Konstrukt aber erbarmungslos weiterläuft.

Das Yogastudio, das Haus, die kleine Tochter, das Baby im Bauch. Dazu kommen die Wege zum Krankenhaus, die Abwicklung mit den Krankenkassen, die Arztbesuche, die Gespräche. Meine Mutter sagte einmal, ich komme ihr vor, als stünde ich jonglierend mit einem Bein auf einem Vulkan. Das meiste bewältige ich, doch viele Dinge weiß ich einfach nicht und sie überfordern mich, Dinge, die Julian abgedeckt hat. Seit Beginn der Krankheit läuft zwischen Julian und mir eine stille Übergabe ab, die sich nie vorübergehend anfühlt, sondern immer wie ein schleichendes Testament. Das läuft nicht immer glatt, denn manchmal weigere ich mich, Dinge zu übernehmen aus Angst, dem Schicksal dadurch noch mehr Raum zu geben, und manchmal weigert sich Julian, Dinge abzugeben, wahrscheinlich aus den gleichen Gründen. Und so ist es ein Drahtseilakt zwischen Vernunft und Hoffnung. Julian und ich sind die Hauptakteure in der ganzen Geschichte, umgeben von jeder Menge zentraler Nebenfiguren, die wie in einem Theaterstück ihre festgeschriebenen Rollen zu haben scheinen. Alles spielt sich ab wie in einer gut komponierten Tragödie.[17]

Ich treffe in dieser Zeit auf Ärzte, die einfühlsam sind und die anerkennen, wie schwer die Situation und die Entscheidung für Julian und auch für uns sein muss. Und es gibt auch Ärzte, die in all ihrem Verständnis immer wieder auf den Zeitaspekt hinweisen und auf die Tatsache, dass es medizinisch gar keine Optionen gebe, die abzuwägen seien. Diesen Ärzten begegnen wir sowohl in klassischen schulmedizinischen wie auch in anthroposophischen Krankenhäusern. Ich finde, dass wir großes Glück haben, auf solche Menschen zu stoßen. Denn wenn das Wort „Krebs" einmal fällt, gerät man in eine Mühle, in der es essenziell wichtig ist, dass man die richtigen Menschen trifft. Neben dem Glück hilft sicher auch die Privatversicherung weiter.

Julian erzählte mir einmal weinend von einem Erlebnis aus der Zeit, als er in der Chemotherapie war, das ihm dieses Glück und dieses Unglück deutlich machte.

Er hatte einen Termin in einer Praxis zur Bluttransfusion. Dort war er nie zuvor gewesen. Die Anwendungen mit der Chemo gab es für ihn in seiner Privatpraxis mit Ledersesseln und Klimaanlage. Anders als gewohnt war hier das Wartezimmer voll mit Kassenpatienten, und als er dort auf seinen Arzt wartete, hörte er die Sprechstundenhilfe rufen: „Sie da, mit Hodenkrebs, kommen Sie jetzt endlich in die Fünf?" Er blickte sich um und sah einen alten Mann zum Zimmer mit der Nummer fünf humpeln. Dieses Ereignis schien Julian in eine Realität zu führen, die er zuvor nicht gesehen hatte. Ich hatte den Eindruck, dass er plötzlich begriff, wie dramatisch seine Erkrankung war und wie folgenschwer ihre Konsequenzen, nicht nur für das blanke Leben, sondern auch für die Lebensqualität, die anders als im gesunden Zustand stark von der Gemeinschaft abhängt und von dem Umgang der Menschen mit der Hilflosigkeit des Kranken.

Ich habe in der ganzen Entscheidungs- und Behandlungszeit allerdings auch einen Arzt getroffen, der m. E. eine große Mitverantwortung trägt an der Entscheidung meines Mannes, sich nicht operieren zu lassen. Dieser Arzt hat davon gesprochen, dass die OP eine Ausweidung sei, und verglich den Patienten damit mit einem Tier, das nach der Jagd geschlachtet und dann ausgenommen wird. Er sagte, dass die Erkrankung „Kopfsache" sei und Julian nur gesund werden wollen müsse; und wenn Julian nicht wolle, würde er sowieso auf dem Friedhof landen, OP hin oder her. Wir besuchten diesen Arzt in Norddeutschland. Ich lieh ein Auto dafür, denn wir besaßen selbst keines. Ich organisierte dort eine Tagesmutter für unsere kleine Tochter, weil der Arzt auf die Mithilfe der Angehörigen bestand und deutlich machte, dass ich bei den Sitzungen dabei sein müsste. Schwanger und fassungslos saß ich Mal um Mal mit im Sprechzimmer und hörte die Worte des Arztes. Ich fragte irritiert nach, legte die Fakten auf den Tisch, provozierte, aber ich erhielt nie eine richtige Antwort. Julian schien angetan von dem Arzt. Jeden Tag hatten wir einen zweistündigen Termin mit Ernährungsberatung und anderen Dingen, die ich nicht mehr erinnere. Zwischen den

Terminen lag Julian mit Schmerzen in der Badewanne und wurde immer dünner. Ich schob den Kinderwagen die Dorfstraße entlang und fühlte mich einfach nur wie in einem Alptraum. Wir stritten, wenn Julian überhaupt die Kraft zum Reden fand. Parallel führte ich Telefonate mit seinem Vater und meiner Mutter, Telefonate, in denen ich versuchte aufzuklären, ohne Julian in den Rücken zu fallen. Ein Drahtseilakt. Eines Nachts rief ich den Arzt an und schrie ins Telefon, dass er nun endlich etwas tun müsste, weil Julian sonst hier in der Badewanne sterben würde. Er kam, brachte starke Schmerzmittel und das Versprechen, am nächsten Tag mit einem Operateur in der nahe gelegenen Großstadt zu sprechen, ob man eine palliative[18] OP machen könnte, um den Magen wieder funktionstüchtig zu machen, indem eine Darmschlinge hochgezogen und so um den Tumor herumoperiert würde. Ich war kurz davor auszuflippen, die Wut bahnte sich ihren Weg, aber ich bekam leichte Wehen und legte mich hin, statt dem Arzt eine weitere Szene zu machen. Und irgendwie war ich auch erleichtert, dass Julian in ein Krankhaus kam, hatte ich doch die Hoffnung, dass dort vielleicht ein Wunder geschehen könnte. Am nächsten Morgen war ich immer noch so wütend, dass ich Julian um sechs Uhr morgens allein mit dem Krankentransport ins Krankenhaus fahren ließ. Ich wollte mit der Kleinen später in Ruhe nachkommen. Schließlich musste ich noch alles packen, was wir für die Woche in der Wohnung mitgenommen hatten, und die Wehen spürte ich auch noch. Meine Mutter kam dann mit dem Zug, ich zahlte in der Praxis die Rechnungen der vergangenen Woche und wir fuhren gemeinsam zu Julian.

Es geschah kein Wunder.

Der Arzt operierte um den Tumor herum. Auch er war fassungslos über die Entscheidung seines Patienten und dessen Frau – nämlich ich –, die, außer dass sie ein paar geschickte Fragen stellte, um das Ganze in eine andere Richtung zu lenken, hinter ihrem Mann stand. Ich fühlte mich so elend. Der Arzt schimpfte regelrecht und ich fand, dass er recht hatte. Aber ich wollte auch Julian nicht allein lassen. Eine scheiß Situation! Immer wieder malte ich mir aus, wie es wäre, wenn Julian sich operieren ließe, nur weil ich das wollte, und dann ewig darauf herumreiten würde, dass ich dafür verantwortlich sei, dass er verstümmelt ist. War ich feige? Vielleicht.

Aber eigentlich fühlte ich mich nicht feige, sondern eher nicht in der Position, für ihn Entscheidungen zu treffen, auch wenn seine Eltern das gerne gehabt hätten. Also blieb mir nur die Position, im Stillen mit ihm zu streiten und in der Öffentlichkeit an seiner Seite zu sein. Julian bat mich, während der OP mit einem Heiler zu telefonieren. Der Heiler sagte mir am Telefon, dass alles in Ordnung wäre und man den Tumor im Griff hätte. Ich hörte diese absurden Worte wie unter einer Wolkendecke des Pflichtgefühls.

Es folgen unsägliche weitere solcher Situationen. Heilpraktiker, die Julian versprechen, ihn gesund zu machen; Heiler aus Spanien, die ihn „mental" operieren; Psychologen, denen er nie erzählt, dass er „operabel" ist oder war, und sich dort von ihnen als Austherapierter helfen lässt. Ich erinnere noch, wie ich einmal mit zu seinem Psychologen gehe und die Geschichte von Anfang an erzähle. Der Therapeut fällt aus allen Wolken, als er hört, dass es die Möglichkeit einer OP mit der schulmedizinischen Aussicht auf Heilung gegeben hat. Treibt Julian ein doppeltes Spiel? Oder ist es ihm ab einem gewissen Zeitpunkt gar nicht mehr möglich, die Situation richtig einzuschätzen. Gibt es in einer solchen Situation überhaupt ein „Richtig"? Für mich gibt es das, auch wenn ich es mir lange nicht zugestehe. Für mich gibt es auch ein „Nicht-Richtig" und dazu gehören die Entscheidungen, die sich an einer aus gesundem Menschenverstand geborenen Einschätzung vorbeidrücken in eine nicht bewertbare Zone der abgehobenen Heilsversprechen und der Behandlungen, die ausdrücklich jegliche Form der Schulmedizin ablehnen; und davon gibt es viele. Es wäre einfach, nun alle Formen der alternativen Heilung über einen Kamm zu scheren, aber das funktioniert genauso wenig wie mit der Schulmedizin und den Ärzten, die diese vertreten. Das zeigt zum Beispiel der Fall des Arztes aus Norddeutschland. Und so gibt es auch viele Helfer aus dem Gebiet der Naturheilkunde, die uns unterstützen. Von diesen spricht aber keiner von Heilung, sondern jeder Einzelne von ihnen weiß um seine Grenzen und agiert dicht an dem von mir erwähnten gesunden Menschenverstand. Doch diese Menschen haben nur kurzzeitig Zugang zu Julian, eben nur so lange, bis wieder jemand auftaucht, der eher in Julians Bild passt. Und so geht es darum, Frieden damit zu finden, dass es nicht die Disziplin ist, die richtig oder falsch ist, sondern dass es darauf ankommt, wie man sich in der jeweiligen Disziplin entscheidet und was man dort sucht. Egal ob Arzt oder Heiler, es geht darum, wann wir uns wen wofür aussuchen und wie wir dazu stehen. Doch das kann ich nicht immer so sehen. Unter meinem Pflichtgefühl und dem Bemühen, Julians Weg zu verstehen, entwickelt sich Wut; Wut auf die Menschen, die Heilung versprechen ohne eine Grundlage, die meinen gesunden Menschenverstand erreicht; Wut auf Menschen, die Geld damit machen, dass sie Heilung versprechen und, als es eng wird, doch betonen, dass eine OP nicht schlecht gewesen wäre.

Ich denke an all die Termine, die Julian wahrnimmt in der Zeit, in der ich mit Kleinkind, Baby und Yogastudio allein zu Hause bin, Termine, die sich mir nicht erschließen, Termine, die dazu führen, dass er seinen Weg weitergeht, oder Termine mit einer Heilpraktikerin, die ihm neben leeren Versprechungen noch eine Ausbildung zum Heilpraktiker verkauft, die Julian sogar tatsächlich beginnt – um dann mit parenteraler Ernährung im Rucksack zwei Stunden durch die Stadt zu fahren für Ausbildungseinheiten von vier Stunden täglich. Das Geld für die Ausbildung, die er wegen seiner schwindenden Kräfte nur vier Mal besuchen kann, bekomme ich nie zurück, dafür aber Drohbriefe mit Verschwörungstheorien als Antwort auf meinen Wunsch und meine Argumente hin, uns das Geld zurückzuzahlen.

Monate später, nach vielen Versuchen mit alternativen Heilungsmethoden, kräftezehrenden Diskussionen, innigen Momenten der Hoffnung, nach Monaten der Achterbahnfahrt kommt dann die Entscheidung: OP. Denn Julian wird gelb. Der Vergiftungsprozess hat begonnen, und die Heilpraktikerin vom anderen Ende der Stadt geht nicht mehr ans Telefon.

Und wieder:

Die Schleuse.

Sein letzter Blick.

Die Intensivstation.

Das wiederholt sich in den nächsten Tagen insgesamt acht Mal. Julian wird immer und immer wieder operiert. Seine Bauchdecke heilt nicht. Die Operationen, denen er sich jetzt unterziehen muss, sind um etliches schlimmer als die OP, die ihn zu Beginn erwartet hätte. Unsere zweite Tochter ist inzwischen zur Welt gekommen, was es mir schwer macht, immer an der Schleuse zu stehen, und was es mir schwer macht, auf der Aufwachstation und der Intensivstation zu sein, denn da dürfen Kindern nicht hin. Es bedeutet Organisieren bis an den Rand der Kräfte.

Die OPs kommen zu spät. Der Tumor ist gewuchert. Alle Optionen auf Heilung sind weg und damit wahrscheinlich auch die Option auf ein gemeinsames Leben. Doch was wiederkommt, ist unsere Verbindung.

Wie gerne verzichtete ich auf diese wiederkommende Verbindung, wenn dafür sein Plan aufgehen würde. Nie sagt er, dass sein Plan nicht aufgeht. Nie beschwert er sich. Nie klagt er. Ich sehe es so, dass sein Plan nicht aufgeht. Ich sehe die Fakten, die Versuche, das Scheitern. Aber sehe ich das wirklich?

Nein.

Ich sehe einen jungen Mann, der eine ungeheure Diagnose bekommen hat, der ein Jahr zuvor sein Kind verloren hat und der in kürzester Zeit vom jungen Mann zum Familienvater wurde und alles dafür tut, seine Aufgabe zu erfüllen. Und dem es nicht vergönnt ist, länger mit seiner Familie zu leben, und der die Früchte seines Schaffens nicht in voller Blüte erleben wird.

Und ich sehe eine junge Frau, die ebenso schnell in eine große Verantwortung wachsen muss, die ebenso mit der Situation überfordert ist, eine junge Frau, die ihre Kindheitserlebnisse noch nicht verarbeitet hat und von heute auf morgen gezwungen ist, damit aufzuräumen, um weiterleben, weiter funktionieren zu können.

Und ich sehe auch ein Liebespaar, das sehr verbunden ist, das vieles ins Leben ruft und mit viel Kraft und Freude ein Leben wählte, das ihnen Freiheit und Verbundenheit verspricht. Und ich sehe ein Liebespaar, das einfach mehr Zeit brauchte, über die schweren Schicksalsschläge hinweg wieder Nähe aufzubauen.

Sehe ich Versagen? Fehlentscheidungen? Auf allen Seiten? Ja und nein. Darüber kann man Abende diskutieren. Wochen. Jahre. Und immer wieder würde man neue Sichtweisen finden, die neue Ansätze suggerierten. Mal hätte der eine versagt, dann der andere, dann die Heilpraktiker, dann die Ärzte. Aber wohin führt das?

Julian hat mir ganz am Anfang unserer Beziehung einen Satz mit auf den Weg gegeben:

„Wenn du das anders hättest lösen können, hättest du es getan."

Und daran halte ich mich, wenn die inneren Vorwürfe kommen, die Schuld, die Wut – dann denke ich daran, dass wir alle nur das machen können, was wir zu dem Zeitpunkt imstande sind zu tun. Und ich denke daran, dass keine Vorsehung der Welt verhindern kann, dass passiert, was passiert, wenn Menschen sich entscheiden.

Ich bleibe dabei, dass Im-Austausch-Bleiben das Wichtigste ist, was man als Mensch tun kann, wenn man sich entschlossen hat, sein Leben mit anderen Menschen zu teilen. Und ich sehe, dass es wichtig ist, seine eigenen Entscheidungen zu treffen und in die Stille zu gehen, wenn die Seele es braucht. Beides miteinander zu vereinen ist die Aufgabe, die wir als Menschen haben, egal ob wir gesund oder krank sind. Das ist die Aufgabe, deren Erfüllung so lange ein Balanceakt bleiben wird, bis wir erkennen, dass es sich dabei eigentlich um das Gleiche handelt. Aber ob es für uns Menschen möglich ist, das zu leben, weiß ich nicht.

Es gibt diese Momente.

Und es gibt andere Zeiten.

Und dazwischen jede Menge Freude und Leid.

In diesem Dazwischen finden wir, Julian und ich, gemeinsame innere und äußere Rettung bei einem Arzt, der ohne Vorwürfe und mit jeder Menge Tatkraft dafür sorgt, dass Julian trotz des Status des Austherapierten weiterbehandelt wird. Er gibt uns realistische Hoffnung und komplementäre, sinnvolle alternative Behandlungen; er bleibt dabei immer in einem gesunden Ehrgeiz, uns möglichst viel Zeit zu verschaffen, Zeit für das Gemeinsame, aber auch Zeit für das Medizinische, zum Beispiel für die Hoffnung auf Remission, also das Mindern der Krankheitssymptome oder den Wachstumsstillstand des Tumors. Ich bin diesem Menschen zutiefst dankbar für die Würde, die er Julian, mir und der Situation verschafft. Er ist für mich wie ein Anker im wogenden Wahnsinn. Solche Menschen brauchen wir, besonders dann, wenn wir nicht mehr in der Lage sind, klar zu sehen. Er ist es auch, der ohne viele Worte zu Julian durchdringt und alles in einen realistischen Zusammenhang setzt. Hätten wir ihn doch nur früher getroffen. Das haben wir sogar! Julian hat ihn ganz am Anfang kontaktiert, jedoch nur für die parenterale Ernährung. Alles andere an Beratung lehnte er zu diesem Zeitpunkt noch ab. Und da ist sie wieder – die Tragödie, fein komponiert vom Anfang bis zum Ende; nie darauf ausgelegt etwas anderes hervorzubringen als das, wofür eine Tragödie da ist: den unausweichlichen Weg in die Katastrophe zu orchestrieren.

LEBEN UND TOD

Darüber, dass Leben und Tod die zwei Seiten einer Medaille sind und dass das eine im Lichte des anderen umso heller strahlt.

„Wenn Sie Glück haben, erleben Sie noch die Geburt Ihrer Tochter."

„Die ist in drei Monaten!"

„Ich weiß."

Der Anblick ist nicht auszuhalten. Wie soll man das aushalten? Leben und Tod so dicht nebeneinander. Als hielte man es uns direkt unter die Nase, fast wie eine Gemeinheit, die unsere Lebensphilosophie[19] ad absurdum zu führen scheint oder lächerlich machen möchte.

Oft haben wir im Unterricht davon gesprochen, wie eng die Gegensätze von Licht und Schatten nebeneinanderliegen und dass man nur durch die Akzeptanz dieser Polarität einen Eindruck vom Einssein bekommen kann. Wir waren nie Yogalehrer, die einfach irgendetwas erzählten, nur weil es gut klingt oder einer Sehnsucht entspricht. Es ist uns immer wichtig gewesen, aus der Erfahrung zu sprechen, die wir schon gemacht haben. Sowohl Julian als auch ich haben in unserem Leben, und auch schon vor unserer Heirat, viel erlebt und durchlebt. Wir sind durch tiefe Täler gegangen und haben auf hohen Gipfeln gestanden.

Und das macht es so sarkastisch – als wüssten wir es nicht schon. Und jetzt stehe ich im Badezimmer vor dem Spiegel mit schwangerem Bauch, in dem sich neues Leben formt, und Julian steht neben mir, mit einer OP-Narbe am Bauch und einem Tumor im Magen. Ich trage das Leben, Julian den Tod.

Ich halte diese Situation nicht aus. Sie ist wie ein Spiegel, in den ich jeden Tag blicken muss. Es gibt kein Entrinnen, also entschließe ich mich, das festzuhalten, und rufe einen Fotografen an, der uns schon von früheren Aufnahmen kennt. Ich erzähle niemandem davon, denn ich bin sicher, dass es niemand verstehen wird. Aber ich fühle mich so hilflos mit diesem täglich vorgehaltenen Spiegel, dass ich das Gefühl habe, ich kann nur überleben, wenn ich mich dem stelle und wenn ich mir den Spiegel selbst vorhalte, anstatt dass er mir vorgehalten wird.

Der Fotograf kommt in Schwarz. Heute vor einem Jahr sei seine Frau gestorben. Sie habe sich zu Hause umgebracht. Er weint. Ich bin geschockt, dass ich nicht geschockt bin. Als ob diese Nachricht normal sei. Als ob in unserem Haus, mit dem toten Sohn im Hinterkopf und der Todeskrankheit direkt vor uns, alles erlaubt und möglich sei. Doch auch wenn die Nachricht nicht ganz zu mir durchdringt, sein Weinen tut es. Wir stehen uns alle in einem Dreieck gegenüber und schauen uns mit Tränen in den Augen an. Eine unmögliche Situation, untragbar – und doch: Wir sind verbunden.

Wir stellen eine weiße Leinwand auf und ziehen uns bis auf die Unterhose aus. Wir schminken uns nicht. Licht wird nur spärlich aufgebaut. Wir schauen in die Kamera. Der Fotograf knipst. Ich schaue zu Julian. Stark sieht er aus, so wie er da sitzt, obwohl er so abgemagert ist. Er nimmt meine Hand. Ich denke, das passt nicht. Wieso ist er stark und nimmt meine Hand? Plötzlich weint er und ich auch. Wir weinen um etwas, aber um was? Die weiße Wand hinter uns ist nicht auszuhalten. Wir wechseln auf Schwarz. Unsere Tränen verstummen. Das Dunkle fühlt sich besser an, passender. Wir werden ruhiger, unsere Blicke auch.

Wir sehen etwas ins Auge, was noch unausgesprochen bleiben muss, auch wenn ich diese Möglichkeit ständig vor Augen habe. Sie darf sich nicht manifestieren. Dieses Kind in mir soll einen Vater haben.

Wir tragen beide ein gelbes Armband aus Plastik, das von Lance Armstrong[20]. Aber es hilft nicht. Die Würfel scheinen gefallen.

Die meiste Zeit liegt Julian in der Badewanne und versucht den Schmerz zu lindern. Er spricht kaum. Jeden Abend schließt er die parenterale Ernährung an, unsere kleine Tochter hilft dabei. Die beiden haben Spaß. Mir wird dabei nur schlecht. Ich begreife es nicht. Ich begreife ihn nicht. Ich begreife die Ärzte nicht, die er sich ausgesucht hat. Und noch viel weniger begreife ich die Heiler. Doch egal, was ich mache, zielstrebig versammeln sich Menschen um uns herum, die ihn alle bestärken, diesen Weg zu gehen. Getreidemaschinen werden gekauft und Leinöl in großen Flaschen, Pillen aus Pilzen und Bücher. Bücher über Bücher.

Ich sehe die Ideen dahinter, aber ich sehe sie nur als Ergänzung, nicht als die Lösung. Wir haben keine Zeit, und Julian tut so, als habe er alle Zeit der Welt.

„Wenn Sie so weitermachen, haben Sie noch drei Monate."

Das ist im Oktober. Im Januar kommt unsere Tochter zu Welt. In meinem Kopf sehe ich mich im Kreißsaal unser Kind bekommen, während Julian nebenan stirbt. Meine Hebamme sagt, dass das sicher möglich sei und dass man das im Krankenhaus dann auch machen könne.

Ich raste innerlich aus. Ja, was man nicht alles machen kann, damit der Krebskranke seinen Willen kriegt! Ich merke, wie die Wut in mir aufsteigt. Doch sie bleibt nie lange, sondern weicht dem Mitgefühl und der Hoffnung, dass alles gut wird, wenn ich ihm nur vertraue. Aber weicht sie wirklich, die Wut?

Unsere Tochter kommt zu Hause zur Welt. Julian liegt neben mir im Bett und ich denke, dass das Baby seine Einstellung vielleicht ändern wird. Und dann gebe ich mich ganz diesem wundersamen Wesen hin. Ich bewege mich nicht während der Geburt, obwohl die Hebamme sagt, dass ich mich eigentlich bewegen müsse. Aber ich möchte stillliegen. Ich lasse jede Wehe kommen und gehen. Nach ein paar Wehen spüre ich schon den Impuls zu pressen. Die Hebamme am unteren Bettende sagt Nein, da der Muttermund noch nicht weit genug geöffnet sei. Die Hebamme, die neben mir sitzt und mich anschaut, sagt Ja. Sie sieht den Schweiß in meinem Gesicht, der ihr zeigt, dass ich bereit bin.

Plötzlich steigt Todesangst in mir auf. Unter Tränen sage ich immer wieder: „Nein, Nein, Nein!" Leise Worte dringen an mein Ohr. Warum Nein? Weil ich Angst habe, dass mein Kind wieder stirbt. In mir ist es sicher. Ich spreche das aus, von dem ich dachte, dass ich es schon im Vorfeld in Gesprächen geklärt hätte. Aber jetzt, hier in diesem Moment, da das Leben hinausdrängt, ereilt es mich mit Wucht: die Erinnerungen an Lukes Geburt und seinen Tod. „Du kannst", höre ich die sanften, aber bestimmten Worte. Mein Körper fragt mich gar nicht, er presst. Und ich füge mich diesem Gesetz des Lebens.

Ein paar Minuten später liegt unser Mädchen auf meiner Brust. Es ist ihr Geburtstag und zufällig auch meiner.

„Das war anstrengend, ich muss mich ausruhen."

Julian sinkt in die Kissen zurück und schließt die Augen. Die Hebamme schaut Julian mit großen Augen an. Ich schaue die Hebamme an. Die Hebamme blickt zu mir. Mein Atem stockt. Grenzenlose Fassungslosigkeit steigt in mir auf.

Da will ich aber nicht hin – will Verständnis haben für meinen Mann, der an Krebs erkrankt ist. Und das gelingt mir sogar. Ich schaue weg, schaue auch die Hebamme nicht mehr an. Ich tauche ab, denn das Gefühl, was mich erwarten würde, wenn ich mir klarmachte, was das bedeutet, was er da gesagt hat, nachdem ich gerade ein Kind bekommen habe, ist so unfassbar und hätte Konsequenzen, die ich in dem Moment nicht bereit bin zu tragen. Und so bleibt der Satz ohne sichtbare Folgen, aber er ist ein Abbild der Situation, in der wir sind.

Ich schlafe in dieser Nacht allein in unserem Bett, mit dem kleinen Wesen. Julian liegt im Arbeitszimmer. Wenn ich ihn rufe, dann kommt er. Aber wenn ich ihn nicht rufe, dann kommt er nicht. Wir leben in zwei Welten. Und die Geburt hat das umso deutlicher gemacht. Leben und Tod – Zimmer an Zimmer. Seine Einstellung zu seinem Krankheitsweg hat sich nicht geändert.

Alles geht in Wellen und es vergeht kein Tag, an dem nicht wieder alles hoffnungsvoll und voller Möglichkeiten erscheint. Julian meldet sich im Fitnessstudio an und ist viel unterwegs. Ich bin im Wochenbett. Wir sehen Psychologen. Ich unterrichte. Wir planen Urlaube. Er geht auf die Waage, ich stille unser Kind. Es ist alles wie in einem Paralleluniversum, surreal, aber für mich mittlerweile Alltag. Nur der Besuch, der aus einer normalen Welt zu uns kommt, zeigt mir die unwirkliche Wirklichkeit unserer Situation. Ich versuche alles Normale aufrechtzuerhalten. Für unsere dreijährige Tochter, für Julian und das Baby. Und dabei weiß ich selbst nicht mehr, was eigentlich normal ist. Seit fast zwei Jahren leben wir im Ausnahmezustand, seit der

Diagnose von Luke. Aber vielleicht gab es vorher auch schon den Ausnahme-zustand, nur in positivem Sinne, und deshalb habe ich fast keinen Bezug mehr zur Realität. Oder ist das hier realer als all das, was andere erleben? Ich werde mit meinen Gedanken noch irre. Das Unterrichten ist Balsam für mich. Hier fühle ich mich an Ort und Stelle. Nur wenn ich das Baby oben weinen höre und weiß, dass Julian zu müde ist, es zu trösten, werde ich unruhig. Also nehme ich sie das nächste Mal mit in den Unterricht, in einem Tuch um meinen Bauch. Ich wüsste so gerne, was er denkt, was er fühlt, was ich tun kann, damit wir uns wieder nahekommen. Es gibt diese Momente, aber sie sind nur kleine Tropfen im großen Meer der Hilflosigkeit.

Wir müssen umziehen. Das Haus ist zu groß und das Yogastudio nicht zu halten. Ich bin froh über diese Entscheidung, auch wenn das aufgrund der Mietbindung gerichtliche Folgen haben wird. Julian findet eine Wohnung in der Nähe. Da ich im Wochenbett bin, schaue ich mir die Wohnung vorab nicht an. Am Tag des Umzugs ist Julian im Krankenhaus und wird operiert. Genau am diesem Tag ist also die OP. Jetzt. Genau jetzt. Mit Baby, Umzugs-unternehmen und ca. hundert Kartons erreichen wir die Wohnung.

Fassungslos betrachte ich die 60 Quadratmeter und den LKW mit dem Inhalt für etwa 120 Quadratmeter. Mitten im Regen stehe ich mit ein paar Freunden auf der Straße und sortiere Kartons – für den Müll, für den Keller, für die Wohnung. Das Baby wird irgendwo spazieren gefahren. Unser Kind spielt auf einem Spielplatz. Und meinem Mann wird die Galle rausgenommen. Ich will nur eines: mein altes Leben zurück. Und ich zwinge meine Freunde, innerhalb von drei Stunden alles aufzubauen. Ich kann keine Nacht in Kartons verbringen, wenn um mich herum die Welt zusammenbricht. Das ertrage ich nicht. Das Wenige, was ich leisten kann, will ich leisten, das Wenige, was ich kontrollieren kann, kontrollieren. Fast keiner versteht das, aber ich weiß, dass ich sonst kaputtgehe. Mein Verhalten kostet mich in den nächsten Monaten einige Freundschaften.

Am Abend fahre ich ins Krankenhaus. Der Operateur und Chefarzt bittet mich in sein Zimmer. Er ist wütend. Er ist wütend darüber, dass er stundenlang in einem vom Tumor zerfressenen Bauchraum herumoperieren musste, wo doch einige Monate zuvor eine Standard-OP, zugegebenermaßen von hohem Niveau und großem Ausmaß für den Patienten, die Sache deutlich vereinfacht hätte. Und er ist wütend, weil diese OP, die vor ein paar Monaten hätte stattfinden können, Chancen auf Heilung hatte. Ich sehe, wie frustriert er ist, weil in seinen Augen ein junger Mann mit Familie sein Leben weggeworfen hat. Ich merke auch, wie meine Loyalität sich wieder ihre Bahnen bricht, und ich versuche die Balance zu halten zwischen dem Verständnis für das, was der Arzt mir sagt, und dem Verständnis für Julian.

Ein paar Tage zuvor sitze ich schon einmal hier in diesem Zimmer. Da liegt Julian nach einer vorigen OP noch im Aufwachraum der Intensivstation. Mein Herz klopft bis zum Hals, denn ich soll nun erfahren, ob es gelungen ist, den Krebs doch noch zu entfernen. Ob die OP „fünf vor" oder „fünf nach zwölf" war. Als der Arzt mir sagt, dass er nur die Galle entfernt hat, weil einfach nichts zu machen sei, klappe ich im Stuhl zusammen. Und wer sagt das Julian, wenn er aufwacht? Denn Julian rechnet mit fünf vor zwölf. Wer sagt ihm das? Der Arzt meint, ich solle es ihm erst sagen, wenn er wieder auf seinem Zimmer ist und nicht direkt nach dem Aufwachen. Doch als ich eine Stunde später an Julians Bett sitze, er die Augen öffnet und mich fragend anblickt, haben die Worte des Arztes keinen Wert mehr für mich und ich sage ihm, wie es um ihn steht. Julian schließt die Augen. Keine Ahnung, was jetzt in ihm vorgeht. In mir tobt der Unglaube darüber, dass es wirklich zu spät sein soll. Ich gehe erneut zum Chefarzt, der sich zu einem erneuten Gespräch erweichen lässt, und bitte ihn noch einmal, mit Julian und mir zu sprechen. Ein paar Stunden später kommt er in unser Zimmer. Er ist sanft zu Julian, streichelt sogar väterlich seine Hand. Und plötzlich ändert sich etwas. Seine Wut verwandelt sich in Kampfgeist. Er sagt, dass er morgen in aller Frische noch einmal operieren werde. Jetzt wisse er ja, was ihn erwarte. Und dann sähen wir mal, was wirklich noch gehe und was nicht. „Siehst du!", sagt Julian. Ich weine vor Erleichterung und Dankbarkeit. Doch tief im Inneren beginnt sich Hoffnungslosigkeit breitzumachen. Bei dieser nächsten OP können 90 Prozent der Tumormasse entfernt werden. Julian strahlt: Das ist doch viel! Ich sacke in mich zusammen, denn das bedeutet, zehn Prozent sind noch da, und die machen das Gleiche wie die 90 Prozent davor: wachsen, und zwar jetzt nach der Schwächung durch die OP noch schneller. Während Julian sich von der OP erholt, fahre ich nach Hause, wo der Rest des Umzugs auf mich wartet.

Erschöpft von dem finalen Gespräch mit dem Arzt schiebe ich mich und den Kinderwagen Tage später den Flur entlang zu Julians Zimmer. Dort angekommen will ich mich zu Julian aufs Bett legen.

Doch die Schläuche in seinem Mund und in seinem Bauch machen das unmöglich. Also setze ich mich neben ihn und halte seine Hand. Ich lege unsere kleine Tochter auf sein Bett. Er lächelt.

Ich weiß schon gar nicht mehr, wie sich eine Umarmung anfühlt. Und weine. Ich sehe den Schmerz darüber in seinen Augen. Und zum ersten Mal seit Langem kommen wir uns wieder näher. Jetzt, da alles zu spät ist.

Jetzt, da klar ist, dass es keine weitere OP mehr geben wird. Jetzt, da noch Chemotherapie und das ganze Palliativprogramm warten. Jetzt beginnen wir uns wieder näherzukommen, und ich weiß nicht, warum. Und vor allem weiß ich nicht, warum vorher nicht.

Und diese Antworten werde ich auch nie bekommen.

ABWÄRTSSPIRALE

Darüber, dass die Hoffnung zuletzt stirbt, und auch darüber,
dass das eigentlich so nicht stimmt.

„Es gibt nur noch einen Platz im Flugzeug."

„..."

„Schaffst du die Blutung zu stoppen, bis du landest?"

„Ja."

„Du musst zurück. Hier wirst du sterben."

Wir haben es geschafft. Das Flugzeug erhebt sich in die Lüfte auf dem Weg in den Urlaub. Ich schaue zu Julian. Wir haben beide Tränen in den Augen. Unser Traum – das Reisen – wird wieder wahr. Wir haben es tatsächlich geschafft. Noch vor ein paar Monaten, als Julian nach acht Operationen mit offenem Bauch wochenlang im Krankenhaus lag und die Ärzte ihm nur noch ein paar Monate gegeben hatten, war das eine unmögliche Vorstellung: ein Familienurlaub in der Sonne, zusammen mit unseren Kindern und unseren Müttern; auch das unvorstellbar bei all dem Streit der letzten Monate.

„Was, wenn doch noch alles gut wird, Schatz?", fragt Julian.

Mein Herz hüpft vor Freude und wieder denke ich gegen alle medizinische Vernunft: Ja, es kann nicht anders sein. Julian schafft das. Es ist unmöglich, aber er schafft das. Ich weiß nicht warum, aber ich glaube ihm tief in meinem Herzen. Ich blicke in sein schmales, von der Chemotherapie ausgezehrtes Gesicht und lächle ihn an. Doch bei allem Glauben sehe ich auch eine gebremste Freude – nicht so ungestüm wie früher –, aber vielleicht ist er einfach so erschöpft von allem, dass die typische Julian-Freude nicht mehr geht. Wir fliegen durch die Lüfte unserem Traum entgegen. Früher hieß dieser Traum, für immer nach Indien zurückzukehren, heute heißt der Traum, zwei Wochen Urlaub auf Korfu zu verbringen.

Julian isst wie ein Scheunendrescher, liegt am Pool, plätschert hier und da mit unserem Baby im Wasser und macht mit mir Wassergymnastik im Meer. Sein dürrer Körper, seine klaffenden Operationsnarben und seine gebückte Schonhaltung verraten seine Krankheit, trotz wunderschönem Gesicht und roter Badehose. Am Abend unterrichtet er mich im Yoga, weil ich mir das so sehr wünsche. Davor muss er sich immer zwei Stunden ausruhen und danach lange schlafen. Das ist es ihm wert, weil er sieht, wie sehr ich mich freue.

Und doch streiten wir auch hier: „Du hast es mir versprochen." – „Ich bin aber heute zu erschöpft." – „Immer bist du erschöpft. Ich kümmere mich doch um alles, habe die Kinder, stille Naya und trage die Verantwortung, alles. Du musst doch nur essen, schlafen, liegen."

„Katharina, ich habe Krebs!"

Ich schäme mich für meine Egozentrik, aber die Wut der letzten Monate sitzt tief. Ich habe sie nicht immer unter Kontrolle und ich möchte sie ihm auch zumuten. Denn nur so sehe ich eine Chance auf Verbindung – indem wir uns nun beide gegenseitig aushalten und uns beide einander zumuten. Ich bin mir nicht sicher, aber ich glaube, er sieht das so ähnlich. Er lässt mir meine Wut, und indem er sie mir lässt, prallt sie immer mehr ab und weicht. Sie weicht dieser Verbindung, die ich fast schon vergessen hatte, dieser Verbindung, die ich spürte, als wir uns kennenlernten, damals bei den Sonnengrüßen.

An den Abenden machen wir Spaziergänge durch das Dorf, nur Julian, unser Baby im Kinderwagen und ich. Die Kleine ist bei der Oma. Die Dorfstraße erinnert uns an Indien, und wir fühlen uns ganz wohl, kaufen Räucherstäbchen und essen Eis und Crêpes.

Nach einer Woche steht Julian vom Abendessenstisch auf und geht ins Bad. Er hat sich lange nicht übergeben (lange heißt, seit ein paar Tage nicht) und doch bin ich unruhig. Als er wiederkommt und ich ihn fragend und sorgenvoll anblicke, nickt er mir traurig zu.

Wir gehen an diesem Tag früh schlafen. Am nächsten Tag stellt Julian seine Ernährung wieder um, aber es passiert wieder. Jedes zweite Essen geht in die Toilette. Ich merke, wie mir die Verzweiflung wieder den Nacken hochzukriechen beginnt und ich im Kopf medizinisches Diagnosen-Einmaleins spiele: Die Nachwirkungen der Chemotherapie können es nicht sein, die Medikamente auch nicht, das Fleisch, das wir hier essen, auch nicht. Also muss es ein Tumorwachstum oder ein anderer, die Organe betreffender Krebsprozess im Körper sein. Aber unser Onkologe hat doch gesagt, dass die geschrumpfte Tumormasse in den nächsten Wochen während der Chemopause nicht wachsen wird. Ein paar Tage ziehen so an uns vorbei: Telefonate mit dem Arzt in Berlin, Besuche bei der griechischen Ärztin, die von blauen Skorpionen auf Kuba erzählt, die Krebs heilen sollen. Während sie davon erzählt, schauen Julian und ich uns an und lächeln, denn wir wissen nun beide um diese Geschichten, die daran hängenden Hoffnungen und das Bizarre der Situation. Und zwischendurch gibt es immer wieder auch Momente des Familienurlaubs.

Und dann kommt er, der Anruf des Onkologen aus Berlin, auf den wir die ganze Zeit gewartet haben: „Herr Middendorf, mein Freund, der Gefäßchirurg, macht die OP bei Ihnen. Er hat alle Daten bekommen, und er wird versuchen, den Tumor im Gefäßsystem zu erwischen. Es soll aber vorher noch eine Runde Chemo geben, weil die so gut gewirkt hat."

Ich kann es kaum glauben! Da ist sie – die medizinische Chance! Ich habe so darauf gehofft. Julian freut sich auch, ist aber zu müde, um sich wirklich zu freuen, und er weiß einfach besser als ich, was eine solche OP wieder bedeutet. Gerade hat er sich wieder aufgerappelt. Er sieht dieser Nachricht mit gemischten Gefühlen entgegen. Ich aber freue mich unbändig und überspiele damit meine Angst, Julian zu verlieren. Ich spüre wieder mehr Kraft in mir und möchte Julian zeigen, dass es weitergeht – auch nächstes Jahr noch.

Am Morgen setzen Julian und ich uns auf den Roller, um in den Norden der Insel zu einem Yogazentrum zu fahren, in dem wir gerne nächstes Jahr ein Retreat anbieten möchten. Die Fahrt dauert lange, aber wir genießen die Freiheit auf dem Roller. Im Zentrum angekommen sackt Julian zufrieden in die Couch. Uns gefällt es hier sehr gut und Julian schmiedet Pläne für nächstes Jahr – oder bin ich es, die das tut? Manchmal weiß ich einfach nicht mehr, was er tatsächlich tut und was ich denke, das er tut, weil ich es mir wünsche. Oder vielleicht denke ich auch, er möchte, dass ich das mache. Es ist wohl eine Mischung aus allem.

Als wir abends zurück ins Hotel kommen, muss Julian sich wieder übergeben. Diesmal ist Blut dabei. Wie schon 1986 stehe ich in einem Urlaubsland im Bad neben einem Mann, den ich liebe, und schaue zu, wie das Blut aus seinem Mund in die Toilette rinnt. Doch bin ich jetzt nicht mehr sechs Jahre, sondern 34, und der Mann ist nicht mein Vater, sondern der Vater meiner Kinder.

Ich stehe für einen kurzen Moment unter Schock. Mein Geist läuft Amok, meine Gedanken wägen in kürzester Zeit alles ab, was man abwägen kann. Und dann: Ruhe.

Julian legt sich erschöpft ins Bett und ich rufe den Arzt an. Julian soll Eis lutschen und abwarten, was die Nacht bringt, vielleicht nichts Schlimmes. „Nichts Schlimmes" – es ist schon seltsam, wie sich Werte, Maßstäbe und überhaupt alles in Ausnahmesituationen von der Normalität entfernen.

Doch die Nacht bringt wieder Blut, trotz Eis.

Am nächsten Morgen treffen Julian und ich die Entscheidung, dass wir nach Hause fliegen. Ein griechisches Insel-Krankenhaus kommt für uns nicht infrage, und auch unser Arzt stimmt uns da zu. Während Julian im Bett liegt und Eis lutscht, bin ich am Telefon und spreche mit den Versicherungen wegen eines Krankentransports. Doch das geht nur, wenn das griechische Krankenhaus attestiert, dass eine Behandlung dort nicht möglich ist. Zwischen den Anrufen bin ich mit der Kleinen im Pool, stille das Baby und versorge Julian.

„Bring den Jungen nach Hause, Katharina", sagt der Arzt in Deutschland. Ich gehe zu Julian. „Schatz, folgender Plan: Es gibt nur noch einen Flug heute. Ich kann nicht mit. Es ist nur noch ein Platz frei. Du musst hier weg. Kannst du machen, dass das Bluten aufhört, und fliegen?" – „Ja." Julian stoppt das Bluten. Ich weiß nicht genau, wie er das schafft. Ich buche seinen Flug und den Flug für mich und die Kinder zwei Tage später mit der nächstmöglichen

Maschine, erpresse für den Notfall ein Attest von der griechischen Ärztin, dass Julian reisefähig ist, setze Julian ins Taxi, sehe ihn davonfahren und weiß nicht, ob ich ihn noch einmal wiedersehe.

Eine Freundin holt Julian vom Flughafen ab und bringt ihn nach Hause. Kein Blut mehr. Am nächsten Morgen geht Julian ins Krankenhaus und erbricht dort in der Notaufnahme eine große Menge an Blut auf den Klinikboden. Während Julians Magenspiegelung im OP sitze ich am Meer in einem Café, wo ich Internet-Empfang habe, und telefoniere die ganze Zeit mit der Freundin zu Julians Zustand. Dann die Nachricht: Er hat es überlebt. Krampfadern in der Speiseröhre. Die Pfortader zur Leber ist durch den Tumor abgedrückt.

Das ist das Ende. Keine OP mehr möglich, da sonst das ganze System „in die Luft fliegt". Unser Traum von der rettenden OP hielt also keine Woche. Aus. Und ich sitze auf der griechischen Insel und komme nicht weg. Am letzten Abend sitze ich auf der Veranda, trinke ein alkoholfreies Bier und weiß:

Wäre Julian nicht in den Flieger gestiegen, wäre er auf Korfu gestorben wie mein Vater damals auf Mallorca.

Eine Stimme in mir und um mich herum sagt: Euer Mut hat euch Zeit geschenkt. So wie ihr durch das Leben gegangen seid, geht ihr auch durch das Sterben: mit Mut und erhobenem Mittelfinger!

Ich weiß nicht, ob mich dieser Gedanke stolz macht oder traurig.

Zu Hause angekommen nehmen wir, so gut es geht, unser Leben wieder auf. Julian geht zu Behandlungen. Ich arbeite. Die Kleine geht in den Kindergarten und für die ganz Kleine ist die Familienhilfe da. Nun schalten sich Institutionen ein, die uns helfen, mit der Situation umzugehen. Ehrenamtliche Mitarbeiter kommen und möchten uns entlasten, doch ist das nicht immer eine Entlastung. Mit jeder neuen Hilfe, die kommt, wird auch klarer, dass wir es nicht mehr allein schaffen, dass wir ein zusammenbrechendes System sind.

Julian kämpft, lautlos, aber mit voller Kraft.

Er möchte wieder in die Kirche eintreten und er möchte kirchlich heiraten. Wir finden einen Pfarrer, der uns kurzfristig trauen kann. Ganz in Weiß, Julian strahlend, fahren wir zur Kirche. Als wir vor dem Altar stehen und der Pfarrer fragt, ob ich Julian lieben und ehren werde, bis dass der Tod uns scheidet, höre ich Julians Vater von hinten auf der Bank laut schluchzen. Ich erinnere mich an sein Schluchzen von Lukes Beerdigungszeremonie. Noch nie zuvor habe ich einen Mann so weinen hören. Mir fährt es durch Mark und Bein. Julian schaut mich an. Ich möchte anfangen zu diskutieren, dass ich das ein wenig kurz gefasst finde mit der Liebe, die nur bis zum Tod geht, insbesondere in Anbetracht unserer Situation. Süffisant äfft eine Stimme in meinem Kopf den Pfarrer nach: „Werden Sie Julian lieben und ehren bis in ein paar Monaten?" Doch unter meiner erneut aufkeimenden Wut schiebt sich die Vernunft nach vorne und macht der Wut klar, dass es sich hier um eine Zeremonie handelt, die schon unzählige Male erprobt wurde und in den allermeisten Fällen auch sinnvoll ist. Nur für unsere Situation passt sie eben nicht so besonders gut.

Ich sage: „Ja."

Einige Wochen später geht Julian, um Ruhe zu finden, ins Buddhistische Haus in Berlin, dorthin also, wo wir ursprünglich geheiratet haben. Die Kinder und ich bringen ihn zum Bus, und ich sehe ihn mit seinem blauen Pullover und dem Koffer, den wir in Indien gekauft haben, einsteigen. Es fühlt sich an wie ein großer Abschied – dabei geht es nur um eine Woche; aber es ist eine Woche, die mir schon einen Vorgeschmack auf das Alleinsein geben wird.

Ein paar Tage nach seiner Abreise lädt Julian uns, die Familie und Freunde, zu einer weiteren Zeremonie ein. Bei dieser Zeremonie weiß keiner so recht, wozu sie da sein soll. Julian sitzt vor zwei Mönchen, die Mantren rezitieren. Zuvor sollte ich ihm die Haare rasieren. Julian sagt, es gehe darum, wieder ins Leben zurückzufinden, doch für mich fühlt sich das eher an wie eine Zeremonie für die Akzeptanz des Todes. Die Vertrautheit der letzten Wochen ist wieder gewichen. Ich komme nicht ganz hinterher. Wieso eine Zeremonie? Wieso sollen alle zuschauen? Wieso ist er nicht zu Hause bei uns?

Aber auch hier verfalle ich in meine alte Rolle, verstehen zu wollen und die Irritation, die in mir ausgelöst wird, zu verbergen – besonders vor der Familie. Aber es gelingt mir nicht mehr so gut wie früher. Zu sehr brodelt die Wut, die Verständnislosigkeit. Es wirkt alles so aufgesetzt. Zumindest scheint es mir so, als ob es völlig vorbeigeht an dem, was wirklich gerade ansteht. Aber das empfindet wohl jeder anders.

Nach einer Woche kommt Julian wieder nach Hause. Es ist zu mühsam für ihn dort im Buddhistischen Haus, auf dem Holzbett und mit der Ernährung. Zu Hause ist mehr möglich und vieles einfacher, aber nicht nur das ist ein Beweggrund seiner Rückkehr – auch meine Wut darüber, dass er weg ist, holt ihn wieder. Und irgendwo darunter auch unser beider Sehnsucht nach dem Familienleben, das uns nicht mehr lange bleiben wird.

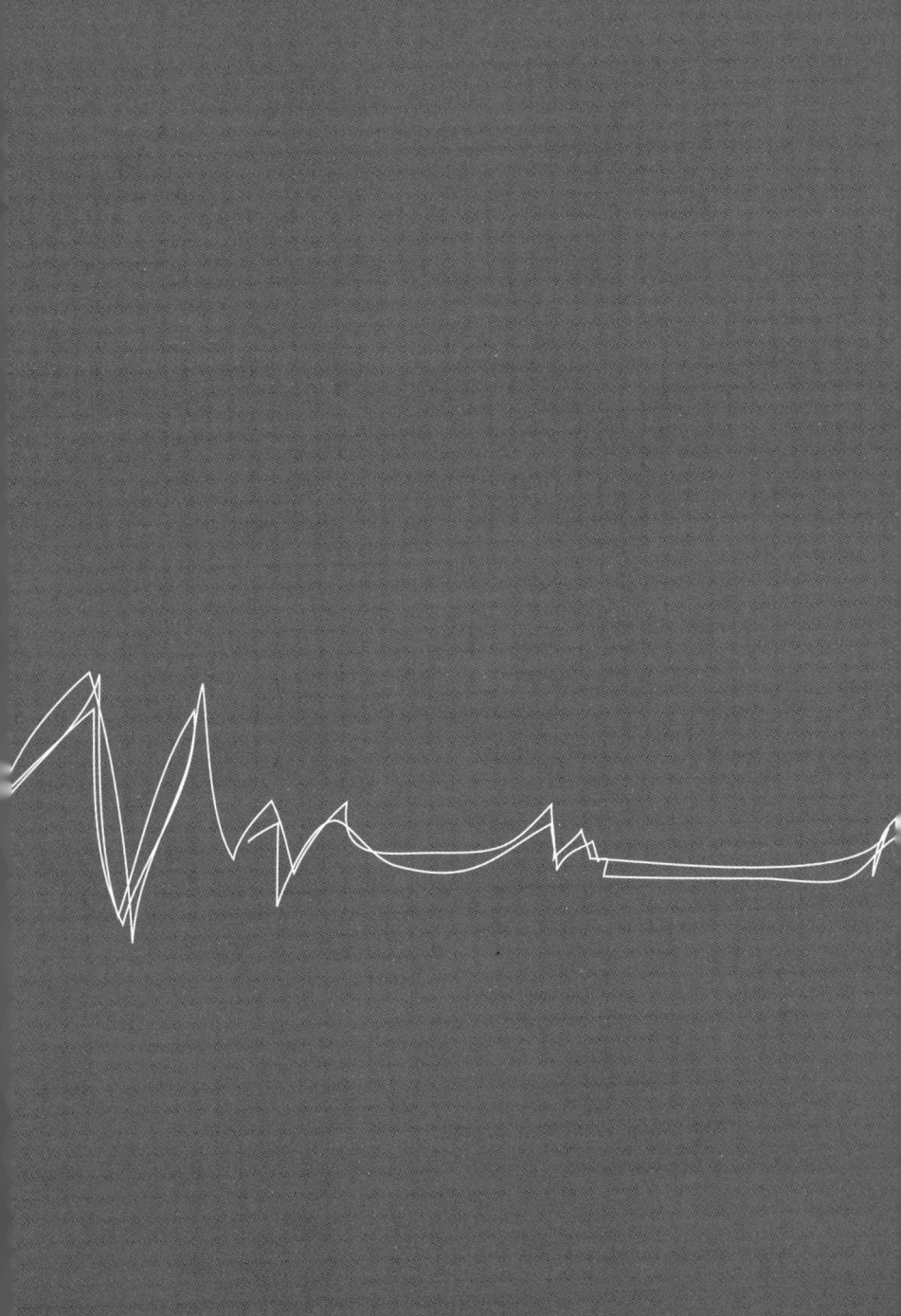

STATION ENDE

Über eine Entwicklung, die nicht mehr zu bremsen ist,
und eine andere Entwicklung, die es zu stoppen gilt.

„Schatz, ich hatte einen Unfall."

„Wo bist du?"

„Ich sitze auf dem Bordstein."

„Ich schicke ein Taxi."

„Nein, ich schaffe das schon."

Ich liege auf der Straße, auf mir mein Fahrrad und hinter mir der Bus. Ich kann meinen Körper nicht bewegen, alles fühlt sich taub und starr an. Der kalte Nebel der Winternacht dampft vor den Scheinwerfern des Busses. Menschen strömen zu mir und helfen mir auf. Es ist spiegelglatt und ich kann mich nicht allein auf den Füßen halten. „Kommen Sie erst einmal weg von der Straße", höre ich eine Frau sagen. Der Busfahrer sieht, dass ich laufen kann, und steigt erleichtert wieder auf seinen Fahrersitz, startet den Motor und fährt in einem Bogen um mein Fahrrad herum, das immer noch auf der Straße liegt. Ich sehe die roten Rücklichter und mit einem Mal werde ich hellwach.

Ich kann wieder laufen, hole mein Fahrrad, bestätige allen, dass es mir gut geht, und fahre zitternd um die Ecke, um mich dort auf den Bordstein zu setzen. In mir wird alles genauso klar wie die dünne Eisschicht, die die Straße überzieht.

Das kann keinen Tag so weitergehen!

Ich verliere die Kontrolle. Wenn ich nicht aufpasse, dann gehe ich auch noch drauf.

Und zu Hause brauchen mich mein Baby, das ich noch stille, meine kleine Tochter, die ihren Bruder verloren hat und jetzt auch ihren Vater verliert, und mein Mann, der mit 35 Jahren Abschied vom Leben nehmen muss, ohne dabei die Hoffnung zu verlieren.

Ich bin an diesem Abend auf dem Weg zum Unterricht wie jeden Donnerstag. Mit diesem einen Kurs verdiene ich über die Hälfte unserer Miete. Ich fahre so schnell es geht mit dem Fahrrad durch die Straßen, und weil ich Zeit mit Julian verbringen will, genauso schnell auch wieder zurück.

An diesem Abend bin ich mir nicht sicher, ob ich das Yogastudio abgeschlossen habe. Also fahre ich zurück, nur eben schneller als gewöhnlich. Und in dem Moment, als ich um die Kurve biege, erwischt es mich. Die Reifen verlieren den Halt, ich rutsche auf der Seite die Straße entlang, der Bus hinter mir geht in die Bremsen.

Ich rufe Julian an.

„Schatz, ich hatte einen Unfall, ich bin fast unter den Bus gekommen. Ich kann nicht laufen und ich bin total unter Schock."

Mir laufen die Tränen die Wangen runter. Wieso erzähle ich das? Ich fühle direkt, wie schlimm das für ihn ist und wie hilflos er sich fühlen muss, weil er jetzt nicht kommen und mir helfen kann. Seit Weihnachten etwa liegt Julian fast nur noch auf dem Tagesbett, meistens mit halb offenen Augen, und hat nur noch wenige richtig wache Momente. Jetzt ist er hellwach.

„Ich schicke Andrea, dich abzuholen. Wo bist du?"

Andrea, unsere Babysitterin, hat aber an diesem Abend kein Auto, und Julian kann auch das kleine Baby schlecht tragen, wenn es weint.

„Nimm dir ein Taxi."

„Nein."

Ich werde traurig und verzweifelt, weil alles so aussichtslos ist, weil alles so eine Menge Planung und Bewusstheit erfordert und weil es sich so anfühlt, als kämpften wir immerzu nur gegen Windmühlen. Ich merke, wie ich bockig werde, auch um ihn zu verletzen, weil ich einfach nicht weiß, wo ich hin soll mit meiner Wut.

Ich lege auf, stehe auf und mache mich auf den Heimweg.

Unterwegs verliere ich meine Handschuhe und bin zu wackelig, um anzuhalten, abzusteigen und die Handschuhe aufzuheben. Noch heute, wenn ich den Weg fahre, halte ich nach den Handschuhen Ausschau.

Als ich zu Hause ankomme, holt Julian das Erste-Hilfe-Set aus dem Schrank und beginnt, mich zu verarzten. Wir haben alles im Haus. Wie in einem kleinen Krankenhaus kommt es mir vor: im Kühlschrank die Beutel parenteraler Ernährung, im Schrank die Latexhandschuhe, das Desinfektionsspray und so weiter.

„Ich gehe morgen ins Hospiz."

Ich wage kaum zu atmen. Es passiert. Es passiert tatsächlich.
Die Entscheidung ist da. Das Ende beginnt. Ich kann nicht widersprechen.
In seinen Augen steht es geschrieben und in meinem Kopf ist es ebenfalls angekommen.

Seit ich da auf der Straße lag, weiß ich, dass Julian mehr Hilfe braucht, und ich kann sie ihm nicht geben. Die Pflegekraft, die zu uns nach Hause kommt, mitten in der Nacht, nach Rauch riechend, mit eigenem Schlüssel für unsere Wohnung, wechselt mehr schlecht als recht die Gallebeutel aus. Die Schmerzmittel reichen nicht mehr aus. Und bei uns ist keine Ruhe. Ich kann Julian nicht die Ruhe geben, die er braucht. Denn ich suche in ihm immer noch den Mann, den Partner, den Vater unserer Kinder, so wie ich ihn kannte. Zu lange bin ich schon allein mit dem ganzen Wahnsinn und allem, was nebenher erledigt werden muss, sodass ich meine Erwartungen und meine Wut nicht 24 Stunden am Tag in den Griff bekomme. Ich warte auf Genesung und ich sehe das Gegenteil – jeden Tag, jede Stunde, jede Minute. Und wieder einmal: wie egoistisch von mir!

„Bitte bleib hier. Wir kriegen das hin. Ich muss einfach weniger arbeiten."

Mir ist die Zeit mit Julian so wertvoll. Die Momente am Tag, in denen er ganz da ist, in denen wir uns sogar zusammen Filme ansehen und lachen, die Momente, in denen wir Pläne schmieden für unsere Zukunft. Diese Momente wird es dann nicht mehr geben im Hospiz.

„Nein. Ich möchte nicht, dass dir was passiert. Und ich brauche bessere Pflege."

Die Trauer zieht mir in Mark und Bein. Ich schaue ihn traurig an, aber Julian hat seine Augen wieder geschlossen und beginnt wegzudösen. Ich rufe den Pfarrer an und bitte um einen Termin am nächsten Tag.

Als der Pfarrer kommt, ist Julian wach. Der Pfarrer schwärmt regelrecht vom Hospiz und meint, dass es ein Segen sei für die Angehörigen wie auch für die Gäste[21]. Er erzählt von einem Gemeindemitglied, das mit dem Rollstuhl dorthin fuhr, bereit zu sterben, und dann so aufblühte, dass er die nächsten Monate mit Spaziergängen, Kinogängen etc. verbrachte und nur im Hospiz schlief, während er tagsüber mit seiner Frau durch die Stadt tingelte.

Julian und ich lachen.

„Ja", sage ich, „das kann ich mir vorstellen, dass du der Erste bist, der aus dem Hospiz gesund nach Hause entlassen wird."

Diese Momente von Freude, Humor und Hoffnung retten uns in diesen Monaten über die raue Monotonie der Einsamkeit und Angst hinweg. Der Pfarrer empfiehlt zwei Hospize, die sich Julian am nächsten Tag ansehen möchte. Wir fahren mit den Kindern hin und scherzen im Auto, dass wir die Hospiztester seien. So lassen wir uns in jedem Hospiz als Erstes den Kuchen schmecken, bevor wir uns die Zimmer anschauen.

Nach einem Tag voller sterbender Menschen und leckerem Kuchen entscheidet sich Julian für das Hospiz, das nicht an ein Krankenhaus angebunden ist.

Es ist eine alte Villa, die früher als Geburtshaus genutzt wurde. Die Gäste haben dort eine eigene Küche, in der alles frisch zubereitet wird und in der man auch selbst kochen darf. Bereits wenige Tage nach unserem Besuch dort wird ein Platz frei. Wir stehen ganz oben auf der Liste – wegen der häuslichen Situation.

Für Julian wird es einfacher dort, zumindest was die Versorgung angeht. Ich bin mir nicht sicher, was an der Lösung für mich hier einfacher sein soll, denn nun muss ich mir jeden Tag ein Auto leihen und mit den Kindern hin- und herfahren. Ich wünsche mir, dass Julian zu Hause ist, dass er zu Hause stirbt, aber er möchte das offenbar nicht. Und in den nächsten Wochen im Hospiz sehe ich auch, warum: Er hat dort die beste Betreuung, die man sich vorstellen kann. Es wird ihm alles abgenommen. Zu Hause wäre das nicht möglich, so sehr ich mich auch bemühte. Denn ich muss mich jeweils entscheiden, wem ich den Vorrang gebe: dem Baby, das gestillt werden möchte, der Kleinen, die den Popo abgeputzt bekommen möchte, oder meinem Mann, der etwas zu essen braucht?

Ich muss kapitulieren und einsehen, dass es nicht machbar ist. Aber ich kann es nicht. Ich wünsche mir jeden Tag, dass er zurückkommt – er kommt aber nicht.

Nur manchmal, zu Besuch. Dann bleibt er den Nachmittag über, setzt sich abends ins Taxi und macht sich auf den Weg zurück zum Hospiz. Ich möchte, dass er da bleibt, dass er bei uns schläft, aber sein Zuhause ist jetzt woanders. Damit verabschiedet er sich langsam. Ich finde dieses Langsame furchtbar, und auf der anderen Seite kann es nicht langsam genug gehen. Damit noch Zeit bleibt. Aber Zeit wofür? Wofür soll man noch Zeit haben? Um sich die wichtigen Dinge des Lebens zu sagen? Ich versuche mir eine Liste von Dingen zu machen, die ich noch wissen möchte, aber mir fallen keine ein. Und wenn mir was einfällt, dann lacht Julian und sagt: „Du weißt doch gar nicht, ob ich sterbe."

Und so bewege ich mich durch das Leben in diesen zweieinhalb Monaten zwischen Kindergarten und Hospiz, zwischen Hoffen und Bangen, zwischen Liebe und Wut.

Irgendwann beginne ich die Kisten mit Medizin in den Keller zu stellen, wegzuschmeißen oder ins Hospiz zu bringen. Wenn Julian schon nicht mehr hier ist, dann soll die Krankheit auch gehen. Ich kaufe Farbe, streiche die Wände in der Wohnung und schicke Julian Bilder davon. Er sagt: „Da lohnt es sich ja richtig wiederzukommen."

Ich freue mich. Mein Herz springt. Ich liebe seine Hoffnung. Sie ist wie eine Wolke, auf der ich leben kann; auf ihr ist es, wie umarmt zu sein. Doch sobald seine Stimme vor Müdigkeit wieder brüchig wird, falle ich runter von dieser Wolke aus Hoffnung.

Ein paar Wochen nachdem er in Hospiz gegangen ist, kommt abends ein Anruf. Ich bin gerade beim Unterricht. Es ist Julian. Und er spuckt Blut. Wir treffen uns direkt im Krankenhaus. Ein Pfleger aus dem Hospiz ist dabei. Julian bekommt eine Bluttransfusion und es gibt einige Untersuchungen. Ich sitze an seinem Bett und habe Zeitdruck. Meine Mutter wacht über die Kinder und es ist schon Mitternacht. Ich bin müde und muss nach Hause, aber wie kann ich jetzt gehen? Wie kann ich Julian hierlassen?

Ich will aber auch weg, kann das alles auch nicht mehr ertragen. Zäh wie Kaugummi ziehen sich die Prozesse hin. Die ganzen letzten Monate, seit dem Wendepunkt im Urlaub und seitdem klar ist, dass nun wirklich nichts mehr geht, geht alles unglaublich langsam und stoisch voran. Und hier in der Notaufnahme wird mir das klar. Zu Hause wartet das Leben, hier der Tod.

Ich gehe an die frische Luft. Alle Busse sind schon weg. Ich renne nach Hause. Ich laufe 20 Minuten. Zwei Busse überholen mich, ich steige in keinen ein. Ich renne und renne und renne.

Aber ich kann mein schlechtes Gewissen, meine Angst, meine Trauer nicht abschütteln. Sie rennt einfach mit mir mit. Meine Mutter ist müde. Auch sie macht das alles schon so lange mit. Auch für sie ist das alles zäh wie Kaugummi. Wir sind auf Hilfe angewiesen. Immer und immer wieder müssen wir Hilfe annehmen, damit wir das schaffen können. Denn eine junge Familie, in der beide auch noch als Selbstständige arbeiten, die ist nicht gemacht für Krebs und Sterben. Die ist gemacht fürs Leben, für den Aufbau, für die Ernte. Ich komme mir vor, als schwebte über mir ein Todesengel.

Wochen später wieder der Anruf von Julian, dass er Blut spuckt. Dieses Mal möchte er nicht mehr ins Krankenhaus. Ich fahre in der Nacht zu ihm und halte die Schüssel. Es hört nicht auf. Wir sind sicher, dass dies die letzte Nacht sein wird. Wir singen ein Lied: „Irgendwann, irgendwo, sehen wir uns wieder und sind froh." Wir nehmen das auf, für die Kinder. Wir verabschieden uns. Alles fühlt sich so irreal an. Ich schlafe im Hospiz und horche auf Julians Atem, die ganze Nacht lang. Als er am nächsten Morgen aufwacht, bestellt er Pfannkuchen mit Schokopudding. Er ist nicht gestorben und das Bluten hat aufgehört.

Draußen liegt hoher Schnee, obwohl es schon März ist. Wir setzen Julian in den Rollstuhl, fahren nach draußen auf die Terrasse und sitzen in der Sonne. Manchmal halten wir uns an den Händen. Meistens ist es Julian so kalt, dass er die Hände in Handschuhen unter der Decke hält.

Ich stapfe durch den frischen Schnee, um Freunden das Tor zur Terrasse zu öffnen. Wir sitzen alle zusammen auf Holzstühlen und essen die mitgebrachte Pralinencreme. Niemand spricht, und falls doch, nur ein paar Worte. Das Schweigen ist manchmal leise und manchmal auch ganz laut, zu laut für mich.

Im Hospiz schlägt die Zeit ihren ganz eigenen Takt. Ich bin morgens für zwei Stunden allein dort und nachmittags mit den Kindern. Die zwei Stunden kommen mir manchmal kurz vor wie einige Minuten und manchmal lang wie ein ganzer Tag. Sobald ich im Auto sitze, mache ich das Radio an und singe laut mit. Ich lasse die Angst nicht zu und gleichzeitig spüre ich sie deutlich grollen. Drei Wochen lang fahre ich zwischen den Welten hin und her. Und manchmal habe ich dabei das Gefühl, wahnsinnig zu werden. Ich wünschte, ich könnte im Hospiz bleiben oder ganz zu Hause sein mit den Kindern – an *einem* Ort mit meiner ganzen Aufmerksamkeit und Kraft. Doch die Kraft bleibt in den Zwischenwelten, auf der Straße und im Auto hängen. Ich kann mich eigentlich recht schnell umstellen, aber das hier erfordert ein fast unmenschliches Maß.

Manchmal möchte unsere eine Tochter mit mir bei Papa schlafen. Dann stellen wir ein zweites Klappbett ins Zimmer. Am nächsten Morgen fahren wir dann nach Hause, damit ich das Baby stillen und die Kleine in den Kindergarten bringen kann. Wenn wir drei zusammen sind und ich uns dort abends liegen sehe, laufen mir die Tränen übers Gesicht. Noch vor drei Jahren waren wir eine kleine frischgebackene Familie voller Lebensmut. Jetzt liegen wir hier, umgeben vom Tod.

Wenn im Flur des Hospizes Kerzen brennen, dann ist jemand gegangen. An manchen Tagen brennen mehrere Kerzen und an vielen Tagen keine. Irgendwann, denke ich, wird auch für Julian eine Kerze brennen. Aber die Vorstellung ist nicht greifbar. In meiner Welt hat sich unsere Beziehung jetzt einfach auf zwei Orte verlegt – und einer davon ist Zimmer 206.

Wenige Menschen kommen zu Besuch, aber die, die kommen, sind wichtig. Sie sind Zeichen einer normalen Welt, Zeichen einer Menschheit, die sich des Lebens und des Todes bewusst ist, Zeichen von Menschen, die keine Bedingungen an Verbindungen stellen.

Irgendwann macht Julian eine Familienaufstellung. Es geht dabei um meine Familie und um die Männer, die in meinem Leben gegangen sind, besonders um meinen Vater und um unseren Sohn. Ich weiß nicht genau, warum Julian das machen möchte, aber es ist ihm sehr wichtig. Als die Figuren auf dem Brett stehen, bittet er um den roten Schal des Therapeuten und legt ihn unter die Figuren. Dann weint er und sagt: „Das ist ein Band der Liebe – für dich."

Ich fahre innerlich zusammen. Ein Band der Liebe? Für mich? Aus Blut? Alle sind für mich gestorben? In Julians Gesicht ist Liebe und Frieden, auf meinem Schuld und Schock. Tief im Inneren weiß ich, was er meint, in der Stille weiß ich es. Er sieht eine Logik, die nichts mit Schuld zu tun hat, aber diese Logik entzieht sich dem Verstand, und doch ist sie nicht zu leugnen. Es ist nicht in Worte zu fassen, so wie Stille nie in Worte zu fassen ist.

Aber in mir ist nicht nur Stille, in mir ist auch blanker Horror.

Der Gedanke, ich sei schuld und könne nichts daran ändern, macht sich in mir breit. Ich zerstöre alle Männer in meinem Leben – meinen Vater, meinen Adoptivvater, meinen Sohn, meinen Mann. Alle tot. Alles meinetwegen? Wegen des roten Bandes?

Ich will aus dem Zimmer rennen. Denn die Stille des Augenblicks hatte mich komplett verlassen. Julian schaut mich an und sagt:

„Vergiss nie, wie zart du bist."

Dann schließt er seine großen grünen Augen und schläft.

Und dann kommt sie wieder – die Stille.

Und ich renne nicht aus dem Zimmer, sondern setze mich neben ihn.

ENDE

*Darüber, wie es ist, wenn einem das Herz stehen bleibt,
weil ein anderes aufhört zu schlagen.*

„Frau Middendorf?"

„Ja?"

„Hier ist das Hospiz."

„Ja."

„Es geht los."

Es ist der 26. März 2013, 6:47 Uhr. Ich stehe im Schlafanzug im Flur. Es ist die erste Nacht seit Wochen, die ich nicht im Hospiz verbracht habe, sondern zu Hause bei den Kindern. Mein Herz schlägt schnell und laut wie damals, als der Anruf kam, dass Luke kollabiert sei und gerade reanimiert werde. Komme ich zu spät? Ich denke an die Kinder und daran, dass sie schlafen.

Es folgt eine Pause. Das leise Knacken der Leitung zerrt an meinen Nerven.

„Kommen Sie?"

Warum überlege ich so lange? Ein einziger Gedanke hämmert in mir: Aber die Kinder schlafen doch! Ich kann doch nicht schon wieder verschwinden!

Ich versichere mich noch einmal: „Geht es denn wirklich los?"

Die letzten Wochen spulen sich vor meinem inneren Auge ab. Die Anrufe vom Hospiz, meine jedes Mal aus den Tiefen aufsteigende Panik; die Angst, davon überrollt zu werden, nicht da zu sein, nicht bei ihm zu sein, zu spät zu kommen. Und fast immer genau zeitgleich das Gefühl, den Kindern nicht das geben zu können, was sie jetzt brauchen, weil ich sie nicht mehr richtig wahrnehme, weil mein Blickfeld eng geworden ist in all dem Tun und Warten und Unterscheiden-Müssen, wo Handlung gefragt ist und wo es sie nicht braucht, weil alles doch seinen ganz eigenen Lauf geht. Wie oft hatte ich das Gefühl, an den Grenzen des Machbaren, an den Grenzen meines Menschseins angekommen zu sein.

Ich erinnere Julians letzte Weihe eine Woche zuvor und die skurrile Situation, als es plötzlich summte, weil Julian sein Bett hochfuhr, die Augen öffnete, als sei nichts gewesen, und sagte: „Schokopudding, Schokoeis,

Schinken, Pfannkuchen. Und Eiswürfel aus Apfelsaft, Cola und Wasser. In der Reihenfolge." Ich denke daran, wie groß unser aller Erstaunen war, der Gemeindebischof aufhörte, dem eben noch Sterbenden aus der Bibel vorzulesen, die Hospiz-Mitarbeiterin ungläubig in die klaren Augen meines Mannes schaute und ich vor lauter Überraschung und Glück lachte und fragte: „Schatz, was ist denn nun? Wolltest du nicht gerade sterben? Stirbst du jetzt oder nicht?" Und wie Julian ein wenig schief grinste und sagte: „Wieso?"

„Ja, Frau Middendorf, dieses Mal ja."

Mein Herz zerbricht, es löst sich auf. Ich schalte in den Organisationsmodus um: Mechanik, Routine, alltägliche Handgriffe übernehmen das Kommando. Ich wecke die Kinder, packe wahllos Klamotten zusammen und bringe beide im Schlafanzug ins Auto. Rufe die Familienpflege an und bitte sie, ins Hospiz zu kommen. Rufe meine Mutter an. 20 Minuten später sind wir da.

Ja, jetzt sehe ich es auch: Es geht los.

Aber noch bin ich nicht wirklich angekommen bei Julian und seinem Sterben, noch hangele ich mich am Rand des Todes entlang, organisiere, rufe Julians Vater an und eine Freundin, packe wie paralysiert den Kindersitz von meinem Auto in das der Familienpflege, winke unserer Kleinen zu. Ich sorge dafür, dass die Große zusammen mit Oma rufbereit unten im Erdgeschoss ist.

Dann bin ich da. „Julian. Julian. Julian. Ich bin da. Ich bin da. Ich bin da." Ich erkenne keine Reaktion. Sehe, wie anstrengend sein Weg ist. Habe das Gefühl, dass er überrascht ist. Dann deutet er mit einer kleinen Geste zum Tropf.

„Hast du Schmerzen?"

Erleichtert lässt er seine Hand sinken. Ich bitte die Hospiz-Mitarbeiterin, die Dosis zu erhöhen. Ich wische ihm den Schaum vom Mund. Dann wird der Schaum abgesaugt. Das scheint Julian gutzutun. Immer wieder habe ich das Gefühl, dass er versucht, zu reden oder zu atmen oder zu schlucken. Doch es geht alles nicht mehr.

Dann kommt das Leben zu mir zurück: Ich höre mein Kind unten schreien. Sie ist wütend. Ich gehe zu ihr, hocke mich vor sie hin: „Was ist los?" Der Opa hat mit ihr geschimpft, weil sie zu laut war und er doch telefonieren muss. Warum telefoniert er? Warum schreit er das Kind an?, denke ich.

Ausnahmesituation.

Die Große hat zusammen mit der Oma einen wunderschönen Engel gemalt. Den bringen wir nun zu Julian. Ein Engel, der Papa ins Licht begleiten soll.

Da sein. Sein lassen. Was kommt? Ich nehme das Gesangbuch aus der Schublade an Julians Bett und schlage eine Seite auf. „Es kommt ein Schiff geladen." Ich beginne zu singen:

„Es kommt ein Schiff geladen
bis an sein' höchsten Bord,
trägt Gottes Sohn voll Gnaden,
des Vaters ewigs Wort..."

Ich komme bis zur dritten Strophe, dann verändert sich etwas. Ich rufe auf den Gang hinaus:
„Es geht los."

Diesen Moment haben wir vorher nicht besprochen, kein Planen bis zum Schluss. Daher weiß ich es nicht:

Will Julian in seinen letzten Minuten auf dieser Erde mit seiner Familie zusammen sein? Vielleicht will er mir ganz bewusst diese Entscheidung überlassen, vielleicht war es uns auch einfach klar, dass es so sein würde. Wir sind ein gutes Team.

Ich sitze neben Julian, als meine Mutter ins Zimmer tritt. Sie geht um Julians Bett herum und beugt sich am Kopfende über seine rechte Seite: „Ich bin's, die Oma. Auf Wiedersehen, Julian." Julian dreht sich zu ihr. Der Blick. Seine Augen weiten sich. Etwas Großes kommt. Macht es ihm Angst?

Ich sage: „Julian, es ist die Oma."

Etwas in Julians Herzen macht „Peng" – oder ist es nur in meinen Ohren? Er stirbt. Wenige tiefe Atemzüge. Er ringt nach Luft. Und dann ist er weg. Gegangen. Fort. Es ist 9:48 Uhr am 26. März 2013.

Mein Herz bleibt stehen.

Meine Welt auch.

Dann spüre ich unsere Freundin, die neben mir auf dem Stuhl sitzt. Das Zimmer ist aufgeräumt. Waren wir das? Wir sitzen auf den Stühlen, auf denen Julian, solange es ging, gefrühstückt hat. Mein Blick wandert abwechselnd von ihr zu dem toten Julian und ins Leere. Julian sieht so schön aus. Sein Tod muss Stunden her sein, aber ich habe jegliches Zeitempfinden verloren.

Die Ärztin kommt zur Leichenschau. Sie dreht ihn ruppig, klappt an seinem Kiefer herum. Ich schreie sie so gefasst wie möglich an, dass sie aufhören soll, werfe mich gefühlt über Julian, streichle ihn. Das alles geht zu schnell; so vieles in so kurzer Zeit. Ich will das nicht. Als Nächstes folgt der Bestatter. Es ist derselbe Mann wie bei Luke. „Sie wollte ich nie wiedersehen!" Fast fröhlich begrüße ich ihn. Da kommt einer, der sich auskennt, der weiß, wie man die Dinge mit dem Tod regelt. Spannung löst sich, sein Erscheinen gibt mir Halt. Wir organisieren und besprechen.

Dann der Impuls, der noch so oft folgen wird: Ich will wieder zu Julian. Jetzt. Und irgendwann am späten Nachmittag fühle ich Sehnsucht nach meinen Kindern, die Sehnsucht nach zu Hause. Julian wird immer goldener. Ich merke, dass ich nun fahren kann:

„Bis morgen, mein Schatz."

In dieser Nacht hört die Kleine auf, aus meiner Brust zu trinken, einfach so, nach 14 Monaten. Ich heule verzweifelt: „Verlass du mich nicht auch noch!"

Am nächsten Morgen packe ich Julians weiße Kurta[22] ein und fahre ins Hospiz. Er ist immer noch tot. Der Bestatter kommt, unser Bestatter, und wir kleiden Julian an. Er ist so unglaublich schwer, dieser Körper, so viel Wasser ist darin. Ich streiche sanft über Julians schimmerndes Haar, das so gar nicht tot ist. Nur seine Haut ist so kalt. Und es riecht fürchterlich im Raum. Ich bekomme kaum Luft, reiße das Fenster auf und lasse die klare, kühle Frühlingsluft hereinströmen. Es sollte ein heiliger Moment sein, ein schöner Moment, und nun ist es doch auch so verstörend, fremd, unvertraut. Es macht mir Angst. Ich sehe, was ich sehen soll, und kann es doch jetzt noch nicht erkennen. Doch ich finde auch Beruhigung in meinem Tun – alles zu tun, einfach zu tun, was jetzt gerade nötig ist. Die tröstliche Mechanik des Lebens in Gang halten im Angesicht des Todes.

Dann betten wir Julian in den Sarg. Die letzte Berührung. Sein Körper, seine Lebenshülle. Ich zerbreche, wieder und wieder. „Wo bist du, Geliebter?" Der Film fällt mir ein, den Julian noch vor drei Wochen für uns gemacht hat und auf dem er singt und spricht: „Irgendwann, irgendwo sehen wir uns wieder und sind froh." – „Egal, was passiert: Ich bin immer für euch da. Immer."

Der Sarg ist aus Kiefer. Ganz lang. So groß wie Julian.

„Denken Sie an seinen Ring?", frage ich den Bestatter.

Ich stehe in der Kopfsteinpflasterstraße vor dem Hospiz und blicke dem schwarzen Wagen nach, wie er um die Kurve biegt. Er bringt Julian zum Bestatter, keinen Steinwurf von seiner ehemaligen Wohnung entfernt, in der wir uns damals verliebten, von der aus wir aufbrachen in unsere neue Zeit, in die Liebe. Von dort aus sind wir aufgebrochen in eine Freiheit und Weite, die wir gemeinsam erkunden durften, voller Vorfreude auf das, was da kommen sollte. Dann die Zeit der Prüfungen, der Schmerzen, des Zweifelns und tiefen Verzweifelns.

Hier in dieser Straße findet all das zusammen, endet wie in einer langsamen Kreisbewegung, hier in dieser Straße, nachdem der Wagen um die Ecke gebogen ist, fühle ich es: Ich fühle die 360 Grad.

Wir haben versucht uns vorzubereiten, jeder für sich, irgendwann auch jeder für sich allein. Die Wucht des Jetzt, ihre Macht trifft mich dennoch unmittelbar. Mir ist übel. Ich muss nach Hause und zu meiner Freundin. Sie ist aus München gekommen und wird mich vor dem blanken Wahnsinn der nächsten Tage retten.

Als ich an diesem Abend die Mail einer Freundin erhalte, in der sie mir mitteilt, dass sie alle Yogaklassen bei mir abbricht und auch unsere Freundschaft beendet, weil sie sich von mir abgrenzen müsse, fühle ich, dass ich mehr nicht ertragen kann. Hoffnungslosigkeit und Niedergeschlagenheit legen sich wie ein großes schwarzes Tuch über mich, wickeln mich ein, ringen mich nieder.

Ich schlüpfe zu meinen schlafenden Kindern ins Ehebett, halte sie, halte mich in Gedanken an ihren, unseren Händen. Kurz bevor ich in den Schlaf gleite, finde ich endlich und zutiefst dankbar einen tröstlichen Anker:

Mit Julian ist noch etwas anderes gegangen,
etwas, das wir gerne gehen lassen: die Krankheit.
Julian hat sie von uns fortgenommen.

Und gleichzeitig ist etwas unglaublich Wichtiges geblieben: die Liebe. Das weiß ich da aber nicht, weil ich sie nicht bemerke. Sie hat sich an diesem 26. März in mir so klein gemacht und der Trauer ihren Platz eingeräumt, dass ich sie erst Monate später zusammen mit den wärmenden Sonnenstrahlen eines neues Jahres wieder in mir spüren werde.

VERBRANNTE ERDE

Über Feuer, Asche, eine Rose und ein Loch.

„Ich möchte ihn noch einmal sehen."

„Nein."

„Doch."

„Das möchte ich Ihnen nicht zumuten."

„Doch."

„Ok."

Und wieder fahre ich die Straße zum Krematorium hoch. Ich hätte nie gedacht, dass ich auf diesem Weg noch einmal fahren würde. Vor zweieinhalb Jahren bin ich mit Julian, unserer Tochter und meiner Mutter im geliehenen Mercedes meiner Freundin diese Straße entlanggefahren. Ich weiß auch nicht warum, aber auf dem ganzen Weg habe ich nach Rauch Ausschau gehalten. Luke lag im Vorraum in seinem provisorischen Sarg, die Beine im Meditationssitz, weil er sonst nicht hineingepasst hätte, als wir ihn aus dem Herzzentrum holen ließen. Es brannten Kerzen im Raum. Julian holte die Ikea-Kiste aus dem Auto, die wir kurz zuvor gekauft hatten.

Wir hatten gelacht, als wir bei Ikea waren, denn fast alles in unserem Haus war von Ikea, und nun also auch der Sarg von Luke. Anderen Menschen wäre es sicher makaber vorgekommen, doch wir waren froh, dass er ein wenig von uns haben konnte und von dem Gefühl, wie es wäre, mit uns zu leben. Wir haben Luke noch auf den Arm genommen. Er war seltsam schwer und kalt. Dann haben wir ihn in weiße Tücher und in ein Fell gebettet und jeder hat etwas Schönes in den Sarg gelegt.

Ich wusste nicht, ob ich den kleinen Stofftier-Löwen, den ich während der zwei Wochen auf der Intensivstation oft in Händen gehalten hatte, hineinlegen sollte. Julian sagte, dass es gut sei, auch das loszulassen. Unter Tränen habe ich den Löwen hineingelegt und dann haben wir die Kiste verschlossen, für immer. Als wir den Sarg auf das Band im kalten grauen Kremationsraum stellten, begann mich eine Kälte zu durchströmen, die ich so noch nie gespürt hatte. Irgendetwas in mir schaltete auf Krisen-Automatismus und ich wurde ganz hart im Herzen. Julian baute eine Kamera auf. Unsere Tochter drückte auf den Knopf am Band. Julian begann *Sri Ram Jay Ram*[23] zu singen. Er stand dort mit erhobenem Haupt, in seiner weißen Kurta, ganz erhaben. Ich weinte, mit der Kleinen auf dem Arm in Julians Arm.

Ich trug noch meine Schwangerschaftssachen, die ich seit vier Wochen nicht abgelegt hatte. Dann setzte sich das Band in Bewegung und der Sarg fuhr auf die Metallklappe zu. Meine Mutter betete und Julian sang. Kurz bevor der Sarg die Klappe erreichte, öffnete sie sich. Der Sarg fuhr hinein. Die Klappe ging zu. Kurz bevor sie sich ganz schloss, wurde das Feuer mit einem Knall entfacht. Dann war die Klappe ganz zu. Weg hier! Einfach weg hier!, dachte ich. Doch Julian hörte nicht auf zu singen. Ich bat ihn eindringlich darum aufzuhören. Er verstummte. Ich betete das Gebet, das ich auch auf der Intensivstation gesprochen hatte:

„Maria, breit den Mantel aus,
mach Schirm und Schild für uns daraus;
lass uns darunter sicher stehn,
bis alle Stürm vorübergehn.
Patronin voller Güte,
uns allezeit behüte."

Dann gingen wir. Abends fuhr Julian wieder zum Krematorium, um die Asche abzuholen. Sie befand sich in einer kleinen Holzurne. Ich wartete zu Hause auf ihn, zählte die Minuten, bis er wiederkam. Ich konnte nicht allein sein.

Jetzt bin ich allein. Denn nun liegt Julian hier in der Kühlung.

„Ich möchte ihn noch einmal sehen."
„Nein", sagt der Bestatter, „das möchte ich Ihnen nicht zumuten."
„Doch, ich muss es sehen, sonst denke ich mein Leben lang, dass er noch irgendwo in Indien auf mich wartet."
„Nein."
„Doch."
„Ok, ich gehe nach nebenan und schaue ihn mir noch einmal an, und dann sehen wir weiter, ok?"
„Ja!"

Nach einigen Minuten kommt der Bestatter wieder. Er hat ein Foto mit dem Handy gemacht. Als ich auf das Handy blicke, wird mir schlecht. Ich suche Julian in dem Bild. Ich sehe seine Brust, die ich so geliebt habe. Seine Schultern. Da sehe ich unsere Berührungen der ersten Nacht noch zaghaft. Ansonsten sehe ich nur blankes Grauen. Ich bin froh, dass der Bestatter Tage vorher die öffentliche Aufbahrung abgesagt hatte. Wenn der Körper da schon so aussah, dann hätte Julian nicht gewollt, dass man ihn so sieht.

Dann geht es los. Wieder betreten meine Mutter, meine Tochter und ich den Raum. Dieses Mal steht Julian nicht neben mir, sondern liegt auf dem Band.

„Kann ich mit Papa Karten spielen?"
Ich drehe mich erschrocken zu meiner Tochter.
„Nein, dein Papa ist doch gestorben."
„Aber du hast gesagt, dass er im Krematum ist."

Wie blöd kann ich sein zu denken, dass meine vierjährige Tochter versteht, dass ein Krematorium etwas anderes ist als ein Krankenhaus, ein buddhistisches Haus oder ein Hospiz? Das sind die Orte, an denen wir Julian immer besucht haben. Ich beuge mich zu ihr runter und versuche mich zu sammeln. Ich überlege, ob es richtig war, sie mitzunehmen, ob es damals richtig war sie mitzunehmen. Aber ich beruhige mich damit, dass ich die Entscheidung mithilfe von Fachleuten getroffen habe, mit dem Bestatter und dem Kinderpsychologen. Denn ich weiß, dass ich gerade keine klare Entscheidung treffen kann. Und doch habe ich hier jetzt große Zweifel, ob das die richtige Entscheidung gewesen ist.

Dann geht mit einem lauten Geräusch auch schon das Band an.
Dann geht die Klappe auf.
Julian fährt ins Feuer.
Klappe zu. Julian weg.

„Mama, ich will direkt in den Himmel und nicht erst ins Feuer."

Ich schreie innerlich zu Gott: „In welche Situation bringst du uns? Wer soll das alles aushalten? Ich hasse dich!"

Entgegen dem Anraten des Bestatters setze ich mich direkt ins Auto und wir fahren los. Kurz vor unserem Zuhause bricht meine Tochter plötzlich in lautes Weinen aus. Sie schreit und weint und ist ganz außer sich. Ich halte sofort an, setze mich zu ihr auf den Rücksitz. Wie gut, dass sie schreien kann. Sie beruhigt sich wieder in meinem Arm. Wir fahren nach Hause. Ich fühle mich verlassen und wie tot.

Zu Hause malen wir die Urne an. Sie ist aus hellem Ton und ziemlich groß. Die Urne von Luke war dagegen so klein. Zunächst steht die Urne auf dem Maltisch. Die Kleine krabbelt neugierig um den Tisch, die Große fragt, wann sie mit dem Malen anfangen darf.

Ich bin nicht sicher.

Malt man eine Urne an? Ist das wirklich eine gute Idee? Oder nur ein Versuch, etwas zu integrieren, was gar nicht zu integrieren ist? Ich habe gemischte Gefühle, aber die Kinder haben Spaß.

Ein paar Tage später findet die Beerdigung statt. Ich trage ein ähnliches tibetisches Kleid wie bei der Hochzeit in Indien und meine schwarzen Cowboystiefel, die ich vor meiner Abreise nach Indien verschenkt hatte und die nun wieder da sind. Es sind sehr viele Menschen gekommen. Sie passen gar nicht alle in die Friedhofskapelle. Ich sitze vorne mit den Kindern. Auf dem Altar steht die Urne, bunt bemalt und fröhlich. In mir zieht sich alles zusammen und ich habe erneut Zweifel daran, ob es eine gute Idee ist, etwas fröhlich zu machen, was einfach nicht fröhlich ist. Vielleicht haben Psychologen nicht immer recht.

Freunde von uns haben ein Lied gemacht; es ist eigentlich für Luke gedacht gewesen, aber es wurde erst kurz vor Julians Tod fertig. Es ist die Vertonung eines Gedichts von Mary Elisabeth Frye[24]:

Do not stand at my grave and weep,
I am not there, I do not sleep.
I am in a thousand winds that blow,
I am the softly falling snow.
I am the gentle showers of rain,
I am the fields of ripening grain.
I am in the morning hush,
I am in the graceful rush
Of beautiful birds in circling flight,
I am the starshine of the night.
I am in the flowers that bloom,
I am in a quiet room.
I am in the birds that sing,
I am in each lovely thing.
Do not stand at my grave and cry,
I am not there. I do not die.[25]

Doch als die Tür hinter dem Altar aufgeht und ca. 500 in Schwarz gekleidete Menschen mit Regenschirmen zum Grab gehen, weine ich – trotz der Aufforderung im Lied, es nicht zu tun. Es schüttelt meinen ganzen Körper und ich bin froh, einfach laufen zu dürfen.

Am Grab angekommen stehe ich vor einem Loch. Der Pfarrer spricht. Es kommen immer noch Menschen den Weg heruntergelaufen. Irgendwo hinter den Bäumen sehe ich meine Kinder mit ihren pinken Jacken und dem roten Kinderwagen spielen.

Ich bin klitschnass, obwohl ich unter einem Schirm stehe, der über mich gehalten wird. Ich fühle keinen Unterschied zwischen drinnen und draußen, zwischen Kleidung und Haut, Regen und Sonne. Ich bin nass und ich bin trocken.

Ich nehme die Rose und gehe auf das Loch zu. Plötzlich überkommt mich eine gewaltige Wut und ein einziger Gedanke durchfährt meinen ganzen Körper. Ich schreie innerlich: „DAS IST ALLES? EIN LOCH? DU HINTERLÄSST MIR EIN LOCH?"

Ich schmeiße voller Wut die Rose ins Grab und trete zurück.

Nach und nach umarmen mich unzählige Menschen oder schütteln meine Hand. Als Julians Cousin vor mir steht, muss ich wieder weinen. Ich sehe Verständnis und ich sehe das Gleiche, was in mir vorgeht. Ich sehe eine unglaubliche Traurigkeit und eine unglaubliche Liebe. Dieser Blick macht mich wach, erweckt mich zum Leben.

Es folgen Kaffee und Kuchen.

Abends ein Essen mit Freunden und dann:
Einsamkeit.

HEAVEN'S TOUCH

Über die Dinge, die man tun kann, wenn die Welt über einem zusammenschlägt, und darüber, dass in der Trauer alles richtig ist.

„Irgendwann, irgendwo
sehen wir uns wieder
und sind froh."

Auf seinem Grabstein steht das Lied, das wir im Kindergarten der Kleinen zum Abschied in die Sommerferien gesungen haben und das er mir in der Nacht vorsang, als wir dachten, dass er sterben würde.

„Irgendwann, irgendwo sehen wir uns wieder und sind froh."

Das Irgendwann scheint mir ewig und das Irgendwo nicht greifbar. Trotzdem tröstet mich das Lied, aber nicht lange. Also greife ich nach jedem Strohhalm, den ich kriegen kann, um ihm nahe zu sein, um der Einsamkeit zu entgehen, der Endgültigkeit.

Ich lese in den Upanishaden[26], was mir etwas Ruhe und eine gewisse Verbundenheit mit dem Tod gibt. Ich sehe mir Filme an über die wissenschaftlichen Erkenntnisse zur Nahtod-Forschung von Pim van Lommel[27] und lese späte Werke von Elisabeth Kübler-Ross[28].

Sobald das Unerklärliche ein wenig erklärlicher geworden ist, ist die Leere in mir nicht mehr so groß. Dann kann mir der Verstand helfen, wo das Herz nicht mehr mitkommt.

Und immer dann, wenn selbst bei allen Erklärungsversuchen das Unerklärliche unerklärlich bleibt, dann hilft mein Herz dem Kopf. Und ich lasse mich fallen in den kindlichen Glauben, dass alles gut ist, so wie es ist.

Die Gedanken an den Tod und das Sterben und meine Beschäftigung damit halten mich am Leben. Es tut gut, mit Menschen darüber zu sprechen. Also frage ich viele Menschen, die ich treffe, ob sie wissen, wie es nach dem Tod weitergeht, und ob man in Kontakt bleiben kann mit denen, die gegangen sind. Ich habe unzählige Fragen und möchte Antworten. Die Antworten, die ich bekomme, reichen von der Vorstellung, dass nach dem Tod alles „ausgeht" wie auf einer schwarzen Fernsehmattscheibe bis Visionen aus Bildern von Hieronymus Bosch[29]. Ich versuche mir selbst eine Meinung zu bilden, damit ich etwas habe, an dem ich mich festhalten kann. Weil mir das aber nicht gelingt, suche ich weiter Halt bei denen, die bereits Halt gefunden zu haben scheinen. Ich fange an „The Tibetan Book of Living and Dying"[30] zu lesen, das ich in Julians Bücherregal finde. Doch da es wie fast alle seine Bücher auf Englisch geschrieben ist, lege ich es nach einiger Zeit wieder beiseite. Ich brauche jetzt Dinge, die mir nah sind und für die ich mich nicht noch irgendwohin bewegen muss, nicht einmal sprachlich. Ich merke, dass ich im Außen kaum Antworten finde und dass Antworten, wenn überhaupt, nur kurzzeitig tröstlich sind. Und weil mir weder andere noch mein Verstand noch mein Herz langfristig das geben können, was ich zu brauchen scheine, suche ich weiter.

Eine Freundin von Julian und mir hat während Julians Krankheit und nach seinem Tod Lieder geschrieben, ein ganzes Album[31] voller Lieder zum Thema Sterben, Trauer, Tod und Leben. Es ist einer meiner tröstlichsten Begleiter, denn hier finde ich so etwas wie eine Antwort: nämlich dass es viele Antworten gibt. Eines der Lieder hat sie aus Julians Herzen geschrieben, wie sie sagt. Dieses Lied heißt „Heaven's Touch".

Eine Stelle darin bringt mich jedes Mal zum Weinen: „Whenever you need me, I will comfort you, I'll be the wind to carry us. And I will hold you, and I will kiss you. Whenever you miss me too much, close your eyes, feel heaven's touch."[32]

Und eine Zeile darin bringt mich jedes Mal in meine lang verloren geglaubte Kraft: „Don't forget to love and dance, don't forget to take the chance."[33]

Neben den Momenten der tiefen Trauer, in denen ich Julian Liebesbriefe schreibe, gibt es auch die Momente der erwachenden Lebenslust. Die Krankheit ist aus der Wohnung, und damit ist auch das Damoklesschwert des Todes über meinem Bett verschwunden. Das macht Platz für das Leben, so viel Platz, wie die Trauer eben zulässt. Aber sie lässt Platz, und das schon relativ früh. Ich erlebe Momente der Leichtigkeit. Ich spüre meinen Körper wieder als ein Geschenk des Lebens und nicht nur als eine Arbeitsmaschine. Ich empfinde wieder Sinnlichkeit, spüre meinen Wunsch nach Berührung, nach Nähe, nach gutem Essen, nach Sonne auf der Haut.

Mir fällt auf, dass ich seit fast zwei Jahren keine Sexualität mehr erlebt und seit fast einem Jahr auch keine nährende Umarmung mehr erlebt habe. Während dieser Zeit habe ich das gar nicht wahrgenommen, aber jetzt wird mir klar, wie sehr mein Körper, das Leben nach Genuss, Freude und Zärtlichkeit rufen.

Ich spüre zum ersten Mal wieder in all der Trauer, dass diese Sehnsucht da ist und dass diese Sehnsucht sich nun Erfüllung wünschen darf. Dieser Gedanke gibt mir ein unglaubliches Gefühl der Freiheit, der Möglichkeiten – und durchbricht hier und da die Starre der Trauer.

Ein Bild aus Kindertagen erreicht mich in diesen Momenten: Das Leben bricht sich seine Bahnen, so wie die Blumen bei „Löwenzahn"[34] durch den Asphalt wachsen.

In der ganzen Orientierungslosigkeit, die in dem Meer der Trauer und den Wellen der Hoffnung auftaucht, bleibt eines immer noch mein stetiger Begleiter: die Frage nach dem Warum. Es ist nicht mal so, dass ich denke, dass es *die* Antwort gäbe, aber ich bin auf der Suche nach *meiner* Antwort, nach einem Gefühl, meinem Gefühl, das Stimmigkeit in mir herstellt, etwas, mit dem ich weiterleben kann. Es muss nicht einmal ein Sinn sein, einfach nur eine Form von Klarheit. Und von dieser Klarheit erhoffe ich mir Erlösung, Erlösung von dem unaushaltbaren Zustand der tausend Geschichten mit ihren tausend Facetten, mit ihren tausend Deutungsmöglichkeiten. Denn viele dieser Geschichten, ob es die unseres Zusammenkommens sind, unserer Lebensaufgabe oder die seines Weges, scheinen sich aneinander zu zerschlagen. Ich erinnere mich in diesen Tagen oft an unseren Yogalehrer im Himalaya, der mir damals auf ziemlich unverschämte Weise sagte, dass mich, wenn ich nicht meine Gedanken in den Griff bekäme, mein Mann in ein paar Monaten oder Jahren in die psychiatrische Klinik fahren könne. Damals wie heute höre ich hier die Worte der Abwertung eines wütenden Mannes mit typischen Guru-Allüren, verpackt in väterliche Sorge. Ich höre aber auch das, was diese Worte in mir ausgelöst haben: die Ahnung von einem Funken Wahrheit. Und ich denke, dass dieser Funken Wahrheit in vielen von uns schlummert.

Eckardt Tolle schreibt in einem seiner Bücher, dass die Menschen, die wir in der U-Bahn treffen und die vor sich hinsprechen oder imaginäre Personen wild beschimpfen, Abbild unseres eigenen Gedankenapparates seien, mit dem einzigen Unterschied, dass diese Menschen ihre Gedanken hörbar machen. Ich finde, dass man auch hier differenzieren sollte zwischen pathologischen Krankheitsbildern eines gestörten Ich-Erlebens und unseren Gedanken, die sich tatsächlich mit zunehmender Evolution und steigender Komplexität des Lebens immer mehr verselbstständigen. Diese Unterscheidung entgleitet mir jedoch immer wieder, vor allem mitten in dem Schock der Trauer. Ich habe teilweise wirklich Angst durchzudrehen, was den Wunsch nach innerer Ordnung immer mehr schürt.

Mir wird eine schamanische Reise[35] empfohlen, eine Reise, die ich skeptisch, neugierig und gespannt antrete.

Als ich mich in dem Raum auf den Boden lege, spüre ich Widerstände, aber auch Sehnsucht. Ich möchte nichts unversucht lassen, ihm zu begegnen, Antworten zu finden und die unruhige Einsamkeit in mir zu besänftigen.

Ich soll mir ein Tier aussuchen, das mich durch die Reise begleitet, und dann geht es los.

Es gesellen sich ein weißer Hund zu mir und ein schwarzes Pferd. Das schwarze Pferd reibt sich an mir mit Stirn und Schnauze. Es steht rechts von mir. Der weiße Hund steht an meinem linken Bein. Vor mir liegt ein See. Ich bin erstaunt, wie schnell sich dieses Szenario zeigt, trotz meiner Skepsis.

Ich soll den Tieren dafür danken, dass sie da sind, und fragen, ob sie mir etwas zeigen möchten. Der weiße Hund möchte mir etwas zeigen und möchte, dass ich mich auf das Pferd setze. Wieder bin ich erstaunt über die Präzision des Geschehens, das sich abspielt. Und ich entscheide mich, meine Skepsis fallen zu lassen und mich nun tatsächlich ganz einzulassen. Schließlich habe ich mich für diese Möglichkeit hier entschieden.

Der Hund wartet, bis ich fertig bin mit meinen Gedanken und auf dem Pferd sitze, und dann gehen wir los. Wir gehen den Weg am See entlang und biegen langsam nach links in den Wald ab. Ich frage ihn, ob ich etwas fragen darf. „Nein, noch nicht", antwortet er.

Am Ende des Weges sehe ich eine große Lichtquelle. Die Luft ist milchig. Schnell, fast zu schnell, kommen wir zu dem Licht. „Mir ist das zu schnell", sage ich zu dem Hund. Der Hund hält an, dreht sich zu mir um. Das Pferd hält auch an und ich steige ab.

Ich möchte die Erde berühren. Der Impuls, das zu tun, ist stark. Sie ist schön kühl, modrig, sauber und kraftvoll. Ich nehme eine Handvoll Erde und mache eine Faust. Das gibt mir Vertrauen und Halt und ich kann wieder in das Licht schauen. Das Pferd tritt an mich heran und berührt mich. Der Hund gesellt sich links neben mich. Mit der Erde in der Hand und den Tieren an meiner Seite fühle ich mich für das Licht gewappnet.

Ich schaue nach hinten. Der See ist weg. Hinter uns ist alles weg. Nichts mehr ist da. Alles scheint jetzt nur noch in eine Richtung zu gehen, nach vorne, zum Licht. Mich überkommt eine leichte Angst. Ich erzähle dem Pferd und dem Hund davon.

Ich muss weinen, gehe in die Knie und mag nicht mehr aufstehen. Ich möchte nicht ins Licht laufen. Ich gehe da nicht freiwillig rein. Ich bleibe hier, will meine Kinder sehen. Das Pferd und der Hund beruhigen mich. „Es geht ihnen gut und du wirst sie wiedersehen. Aber du musst zum Licht gehen", sagen sie. Ein Geistesblitz meines Wachbewusstseins durchfährt mich. Waren das auch Julians Gefühle? Erhalte ich gerade Antworten, wie er sich gefühlt hat, als er wusste, dass er gehen muss? Doch etwas in mir sagt, dass ich diesem Interpretationsgeist des Wachbewusstseins jetzt nicht folgen sollte, sondern mich ganz auf das konzentrieren soll, was hier in dieser Welt passiert.

Ich stehe auf und gehe auf das Licht zu. Es ist kleiner geworden und es fühlt sich gnädig an. Ich möchte schauen, was passiert, wenn ich mich dem Licht nähere. Das Pferd und der Hund sind bei mir und ich gehe voran. Der Hund löst sich von meiner Seite, geht auf das Licht zu, schaut sich noch einmal kurz um und geht in das Licht hinein.

Damit scheint dieser Platz erst einmal nicht mehr wichtig. Der Sog lässt nach, aber ich spüre, dass ich wiederkommen werde, aber nicht jetzt mit dem Hund ins Licht gehen will. Ich blicke zum Pferd.

Das Pferd möchte mir etwas zeigen. Ich setze mich auf seinen Rücken. Wir reiten in den Wald. Ich bin frei, gelöst und voller Vertrauen. Wir sehen eine Lichtung, und dort sind meine Kinder. Sie sind ein bisschen älter. Ein Mann steht bei ihnen. Ich kenne den Mann. Wir sind seit ein paar Monaten zusammen. Ich schaue an mir runter und sehe einen kleinen Jungen vor mir sitzen. Und ich bin schwanger.

Es fühlt sich alles an wie ein Wunder, aber die Traurigkeit ist auch da, sitzt mit mir auf dem Rücken des Pferdes. Das Pferd sagt, ich solle den Jungen zu den anderen setzen, damit wir noch einmal zum Licht reiten können. Jetzt, da ich das Leben gesehen habe, könne ich mich wieder dem Tod widmen.

Als wir wieder an dem Ort mit dem Licht ankommen, sehe ich den Hund aus dem Licht treten und mit ihm zusammen ganz viele andere. Wir können ganz nah rangehen, aber es ist kein Sog mehr da, vor dem ich mich schützen muss.

Julian ist da und berührt mein Gesicht.

Und dann ist er weg, aber er hat mir mit der Berührung etwas dagelassen.

Ich habe das Gefühl, dass Julian nun mit seinem Teil unserer Verbindung weitermacht und ich mit meinem. Er ist dort und ich bin hier. Ich bin noch immer die erste Frau für ihn und er der erste Mann für mich, mit derselben Aufgabe, wegen der wir uns getroffen haben. Und daran hat sich nichts geändert. Nur ist er jetzt dort und ich bin hier.

Ich spüre Bewegung in meinem Bauch. Das Leben ruft. Wir reiten zurück, zurück zu den Kindern und zu dem Mann. Als wir dort ankommen, steige ich ab. Der Hund ist wieder da und steht neben mir.

Ich bedanke mich und frage, ob die beiden noch etwas von mir brauchen.

Der Hund sagt: „Ich brauche, dass du an das Licht glaubst."

Das Pferd sagt: „Ich brauche, dass du dableibst."

Ich überlege kurz und dann weiß ich, dass ich beiden geben kann, was sie brauchen.

Ich kann bleiben und ich kann an das Licht glauben.

Ich frage den Mann und die Kinder, ob sie etwas brauchen: „Wir brauchen, dass du ganz nah zu uns trittst und dass die Tiere gehen." Meine große Tochter möchte, dass die Tiere nicht mehr wiederkommen. Ich sage ihr, dass ich meine Reise aber immer wieder einmal machen müsse.

Sie möchte dann mitkommen. Ich sage ihr, dass das geht.

Und dann ist eine große Leichtigkeit da.

Alles um mich herum wird wieder Wald. Ich bin allein und das ist gut.

Langsam mache ich mich auf den Weg nach Hause.

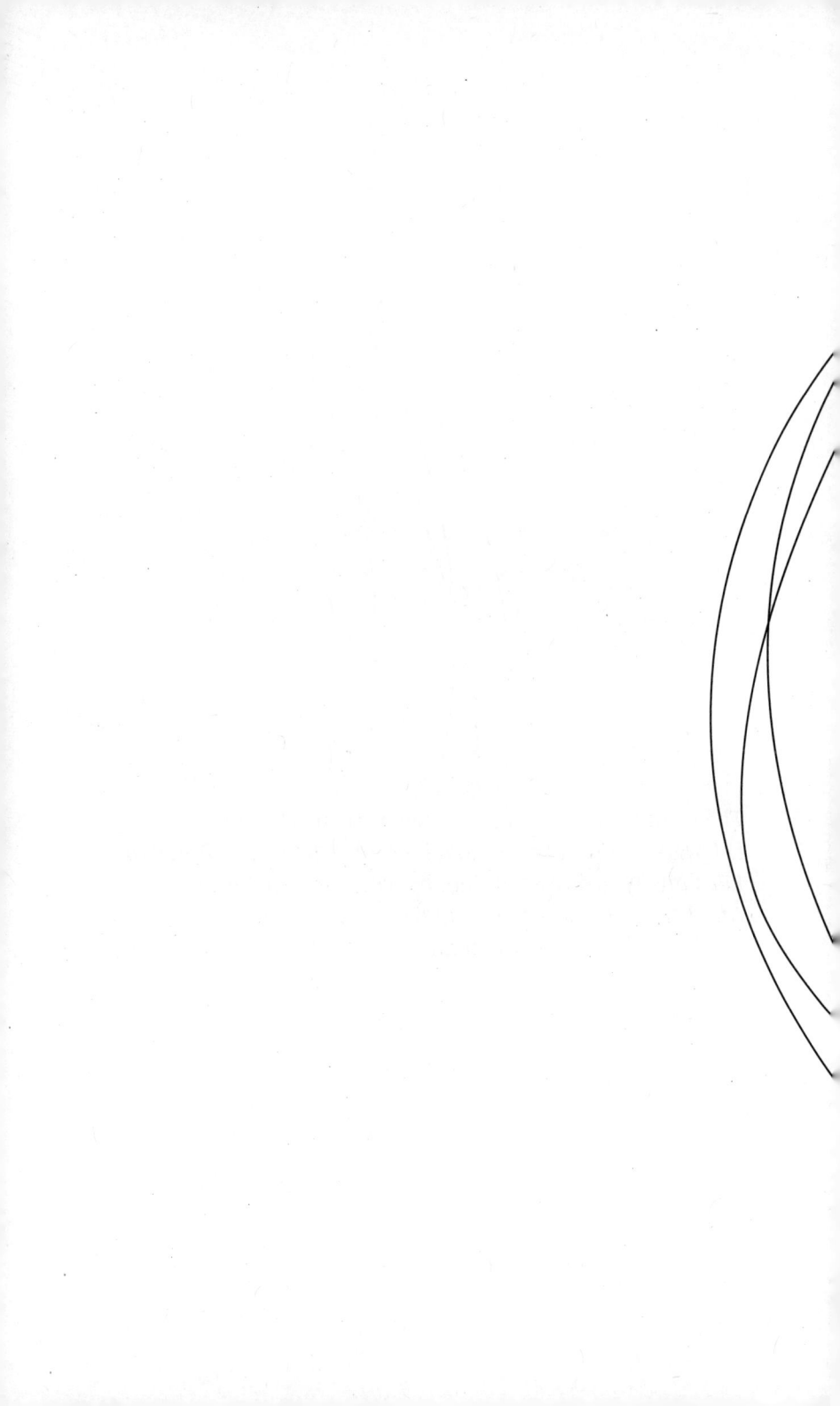

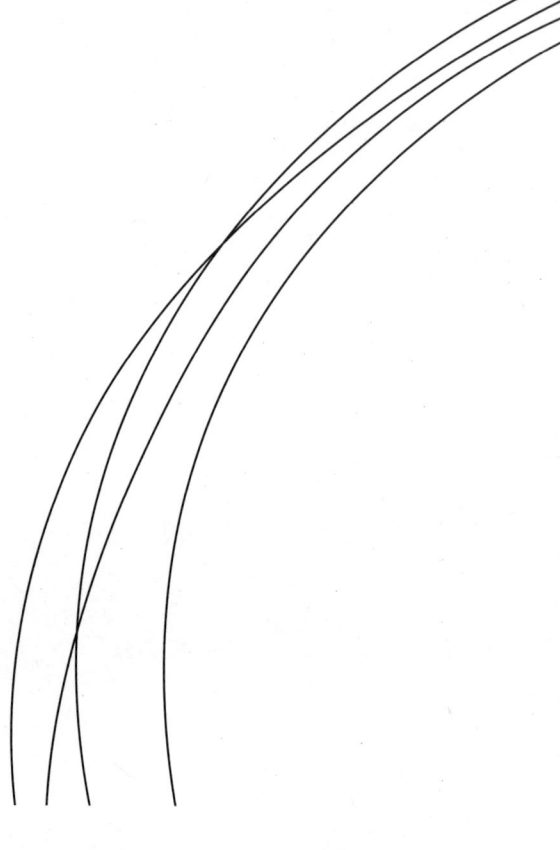

The third thing that I do now when my world caves in,
is I pause I take a breath and bow and I let that chapter end.
I design my future bright not by where my life has been.
And I try, try, try, try, try again.
Yes I try, try, try, try, try again.[36]

Jason Mraz[37]

360 GRAD

LEBEN DANACH

Zwei Jahre sind vergangen. Wie tosende Wellen und reißende Fluten treibt mich die letzte Woche auf diesen Tag zu. Scheinbar aus dem Nichts reißt der Boden unter mir auf. Verschlingt mich, spuckt mich wieder aus. Lässt mich besinnungslos toben und wie betäubt zusammensinken. Ich habe mit diesen Gefühlen ehrlich gesagt nicht mehr gerechnet. Und doch ist es genauso wie vor zwei und vor drei Jahren in den schlimmsten Momenten der Angst und der Trauer. Bodenlos – so fühlt es sich an, und der ganze Körper ist in Panik.

„Es muss doch zu verhindern sein, dass er stirbt" oder „Das kann doch nicht wahr sein, dass er tatsächlich tot ist". Alles ist in Aufruhr und gleichzeitig in totaler Starre. So ist es in der Krankheits- und Sterbephase und in der Trauer.

Das Gefühl lässt sich schwer beschreiben, weil es so widersprüchlich erscheint, als sei einem heiß und kalt zugleich. Wie bei Schüttelfrost, nur schlimmer. Und dieser Konflikt zwischen Hysterie und Starre bringt die Panik. Dieses Gefühl ist mein Begleiter, seit ich meinen Vater verbluten sah. Ich habe gelernt, es gut zu verstecken. Seit einiger Zeit habe ich endlich damit beginnen können es wahrzunehmen. Und so kann ich zumindest heute sehen, was die letzten fünf Tage vor diesem zweiten Todestag in mir passiert.

Heute jährt sich zum zweiten Mal der Todestag. Ich fiebere auf diesen Tag hin, voller Angst und voller Hoffnung. Angst vor der unberechenbaren Macht der Trauer und Hoffnung auf einen Neuanfang.

Ich habe getrauert, geweint, versucht zu leben, versucht zu sterben.

Voller Aufregung bin ich letzte Nacht eingeschlafen. Wie werde ich mich morgen fühlen? Was erwartet mich?

„Ich habe heute Schokokuchen gebacken."
„Den mochte ihr Mann ja auch so gerne."
„Ja, aber im Himmel gibt es den wohl nicht."
„Nein, aber ich bin sicher, da gibt es andere schöne Dinge."

Vor einem Jahr, am ersten Todestag, wachte ich auf und war total euphorisch. Als hätte ich oder jemand, den ich liebe, Geburtstag. Und das kam mir nicht einmal komisch vor. War ich fröhlich, weil ich das erste Jahr überstanden hatte und auf einen Neubeginn hoffte? War ich fröhlich, weil Sterben vielleicht sogar etwas von Geborenwerden hat? Ich weiß es nicht. Ich weiß nur, dass meine beiden Mädchen die Idee, Kuchen zu backen, ziemlich gut fanden. Also brachte ich die Kinder zur Kita, strahlte alle, die mir herzliches Beileid wünschten, an, fuhr in den Supermarkt und kaufte die Zutaten für Schokokuchen ein.

„Wer den Sarg seines Sohnes bei Ikea kauft, der darf auch am Todestag des Mannes Schokokuchen backen", hörte ich Julian. Zumindest war dieser Satz in mir da, und ich fand, dass der gut zu Julian gepasst hätte. Ich liebte einfach den Gedanken, dass er mit mir spricht.

Ich erzählte der Kindergärtnerin, dass Julian Schokokuchen am liebsten mochte. Sie schaute in den Himmel, zu den Bäumen, unter denen Julian immer saß während der Eingewöhnung der Kinder, und rief mit erhobener Hand: „Tja, Julian, Schokokuchen gibt es heute wohl nicht." Wir lachten.

Mit Kuchen und den Kindern fuhr ich am Nachmittag zum Grab. Als wir dann am Grab standen, fand ich die Aktion mit dem Geburtstag ziemlich unpassend, aber wollte meine Meinung dazu nicht ändern und hielt die Fröhlichkeit noch ein wenig oben. Ich wollte dieses unerwartete Geschenk festhalten, weil ich wusste, dass ich das Gegenteil, das, was darunterliegt, nicht ertragen kann.

Am zweiten Todestag erwache ich in Stille, kraftvoll und präsent. Etwas hat sich in den vergangen Tagen, in denen ich durch die Stürme geflogen bin, verändert. Es ist wie die Ruhe nach dem Sturm. Als sei es wieder einen Schritt weitergegangen. Wohin? In die Freiheit, raus aus der Angst, in das Wissen, dass alles gut ist, wie es ist, und dass wir keine Angst haben müssen, dass immer für uns gesorgt ist. Wir wissen erst, wohin wir gehen, wenn wir da sind. Vielleicht spüren wir da angekommen, dass wir immer schon da waren.

Ich merke, wie langsam etwas wiederkommt, von dem ich nicht einmal gemerkt hatte, dass es weg war: Ich. Ich war weg. Und das nicht erst seit den schlimmen Tagen der zweiten Kreishälfte von 360 Grad, sondern schon zu Beginn. Mit dem Flug aus dem goldenen Käfig habe ich nicht nur den Käfig hinter mir gelassen, sondern auch das, was ich dort erlebt habe, das, was ich gelebt habe, als ich in diesem Käfig war. Dieser Käfig, das war auch ich. Als ich die Tür damals öffnete, wusste ich, dass der Weg in die Freiheit nicht einzig darin bestehen würde, die Dinge hinter mir zu lassen und mit offenen Armen in etwas Neues zu fliegen. Ich wusste, dass das nur die halbe Wahrheit ist und dass ich früher oder später den Teil wieder zurückholen würde, der bei diesem Ausflug erst einmal nur im Weg stand. Dieser Teil hatte auf mich warten müssen, bis ich wiederkomme; der Teil, der mich dahin gebracht hatte, von wo aus ich fliegen konnte.

Eine Bekannte sagte damals, als ich von meiner bevorstehenden Auszeit erzählte: „Man nimmt sich überall mit hin, egal wohin man rennt."

Das waren nicht unbedingt die Worte, die ich damals hören wollte, und doch wusste ich, dass sie recht hat. Aber was sie nicht gesagt hat, ist:

Man kann sich selbst zurücklassen – aber man wird sich immer wiederfinden.

Und so begleitete die Vorstellung, dass Julian gehen würde, immer auch die Gewissheit, dass ich mit seinem Tod auf mich zurückgeworfen sein würde, dass ich mich an mich erinnern würde, um die Situation zu überstehen, aber auch um nach diesem Leben mit ihm mein eigenes wiederzufinden.

Ich erzählte ihm davon in den innigen Stunden, die wir im Hospiz verbracht haben, in den Stunden, in denen er wach war und voller Liebe und voller innerer Weite.

„Ich weiß nicht, was du machen sollst, wenn ich tot sein sollte, Schatz. Erstens weißt du nicht, ob ich wirklich sterbe. Und zweitens: Mach einfach alles, was dich glücklich macht – alles, was dich glücklich macht. Hörst du?"

Doch was ist das? Was macht mich glücklich? Ich habe Zeit, das herauszufinden. Er hat mir die Erlaubnis gegeben. Jetzt muss ich nur noch „nachziehen". Und darum geht es bei der großen Entscheidung: Wie ich mein Leben und unser Leben bis hierher sehen soll.

―――――――――――――――――――――――――

Die große Frage ist: Hat er mir einen Scherbenhaufen hinterlassen oder ein Silbertablett?
Es ist an mir, das zu entscheiden. Und diese Entscheidung wird mein weiteres Leben beträchtlich prägen. Ich sollte mir also gut überlegen, für welche Geschichte ich mich entscheide.

―――――――――――――――――――――――――

Die Zeit der Trauer, die Versuche zu überleben, die schamanische Reise, neue Begegnungen und letztendlich über allem die Zeit haben mir gezeigt, dass es meine Entscheidung ist und dass es bei allem, was von außen einstürmt und sich der Kontrolle entzieht, doch einen Anker gibt:

Der Anker ist die eigene Entscheidung, wie man sich zu den Dingen stellt.

Scherbenhaufen oder Silbertablett?

Ich habe mich für das Silbertablett entschieden.

EPILOG

Ich frage mich oft, wie ich die Achterbahnfahrten meines bisherigen Lebens überstanden habe, ohne seelischen Schaden zu nehmen. Und dann muss ich lachen, denn ich kann gar nicht wissen, ob ich keinen Schaden genommen habe. Wenn ich mir mein Verhalten anschaue, dann spüre ich ganz deutlich, dass alles seine Spuren hinterlassen hat – auf die eine und auf die andere Art.

Ich denke, die Kunst liegt darin, diese Spuren einfach als Spuren zu sehen, nicht als Makel, Errungenschaft oder als Zeichen für dies oder das. Und vor allem nicht als etwas, das unzulänglich macht.

Es ist natürlich schon so, dass manche Menschen nun nichts mehr mit mir anfangen können, weil ihnen der Tod, die Trauer oder mein Verhalten in diesen Zeiten zu viel war. Es ist aber auch so, dass es ganz viele andere Menschen gibt, die nun sehr viel mehr mit mir anfangen können als vorher. Und das kann ich gut verstehen, denn auch ich kann heute mehr mit mir anfangen als vorher. Was nicht heißt, dass Trauer, Wut, Verzweiflung, Schuld und all die Gefühle, die Verlust mit sich bringen, nicht mehr da sind. Sie finden nur immer mehr ihren Platz – nicht in Schubladen oder Kisten, wo sie verstauben, sondern an vielen Orten meines Alltags. Aber sie haben nicht mehr diese Macht über mein Leben, nicht mehr diese Wucht. Nur manchmal, wenn alte Wunden durch neue Ereignisse aufgerissen werden, dann kann es wieder losgehen. Aber ich kann es dann einordnen und das bringt für mich Stille.

Ich habe immer gedacht, dass ich zu jeder Zeit gegenwärtig gewesen bin. Beim Schreiben des Buches habe ich gemerkt, dass es zu einem Teil stimmt, aber zu einem anderen Teil nicht. Denn unsere blinden Flecken, die können wir nicht sehen, die müssen uns gezeigt werden. Und deshalb ist das Einzige, was ich als beständigen Begleiter durch alle Situationen hindurch immer als wegweisend und rettend empfunden habe, der Austausch mit anderen, die Gegenwart von anderen, die Liebe von anderen gewesen.

Die Erinnerungen verändern sich, die Einstellung dazu auch. Sie scheinen mit der Zeit wahrer zu werden, essenzieller. Und das ist ein schönes Gefühl. Ich denke oft, dass ich doch mittlerweile an Verluste gewöhnt sein müsste und sie mir nicht mehr so viel bedeuten müssten, aber das Gegenteil ist der Fall. Und wenn mich diese lähmende Angst wieder überkommt, dann denke ich an das Licht, den Hund, das Pferd, meinen Vater, Julian und Luke und dann ziehe ich mir meine Joggingschuhe an und laufe einfach los.

PRINZ DER SCHWERTER

Immer wieder denke ich darüber nach, was ich meinen beiden Töchtern erzählen werde, wenn sie alt genug sind, die richtigen Fragen zu stellen. Der Wunsch, für sie Antworten zu haben, hat mich angetrieben, als ich keine Antworten fand, eine Position zu finden, die trotz des Wandels, den die Erinnerung mit sich bringt, Bestand haben kann. Und so habe ich eines Tages einen Brief geschrieben:

Ich habe euren Vater unfassbar geliebt,
und ich konnte ihn nicht retten.
Ich habe mich fast um den Verstand geliebt,
und ich war machtlos.

Er war mein Mann, mein Prinz, mein Freund, mein Gefährte, meine Liebe, mein ewiges Rätsel. Er hat mich in die Freiheit geführt und in den Mut, eine Familie zu gründen. Er hat meinen Funken entfacht für das Leben, das ich immer wollte. Er hat mich nach nur wenigen Tagen einfach an die Hand genommen, als sei nichts klarer als das, und hat mich in ein Leben geführt, das ich mir immer gewünscht habe, von dem ich aber nicht wusste, wie ich das leben könnte. Euer Vater war mein Erwachen. Und wichtig ist hier, und das haben viele Menschen missverstanden: Es war MEIN Erwachen. Er hat mich nicht wach gemacht, er war da und hat dem Erwachen einen Raum gegeben. Entgegen vieler Meinungen anderer hat euer Vater mir nie gesagt, was ich zu tun habe. Er selbst hatte eine klare Position zu den Dingen und war darin sehr überzeugend, aber er hat mir das nie übergestülpt. Er hat mich herausgefordert, mich ihm entgegenzustellen. Und dann hat er mir zugehört und wir haben einen gemeinsamen Weg gefunden. Das war anstrengend, aber ich habe gelernt, für meine Wünsche einzustehen und dafür Konflikte in Kauf zu nehmen. Das liest sich, als sei euer Vater ein

Heiliger gewesen. Für mich war er das sogar, denn Liebe ist immer heilig. Und euer Vater war voller Liebe. Als ich ihn das erste Mal weinen sah, bei dem Yogaseminar, von dem ich am Anfang des Buches erzähle, weinte er, als er aus der Bhagavad Gita vorlas: Arjuna muss in den Kampf ziehen, obwohl er dabei Menschen töten wird, die er liebt. Dieser innere Konflikt der Liebe – der Liebe zu Gott, der daraus entstehenden Notwendigkeit, deshalb seine Pflicht zu erfüllen, und der Liebe zu den Menschen, die man damit verletzen wird. Jetzt, viele Jahre später, scheint es fast wie ein Vorzeichen auf all das, was dann kommen sollte.

Er war dickköpfig und oft starr, doch was ihn seinen Weg so gehen ließ, war eine tiefe Überzeugung, eine Überzeugung, die niemand teilte – niemand außer mir, in manchen Momenten, wenn er mich in seine Welt ließ. Die Diagnose Krebs veränderte unsere Beziehung nach nur wenigen Tagen. Ich weiß nicht, was da in den paar Tagen im Krankenhaus passierte. Das ist kein Spiel, dachte ich damals. „Sprich mit mir!", sagte ich zu ihm, doch er ging seinen Weg allein. Ich verstand das alles und doch verstand ich nichts.

Ich schüttelte ihn, ich schlug ihn, ich taktierte, ich ergab mich, ich drohte, ich liebte, ich kämpfte, ich kalkulierte, ich wartete – alles, was ich tun konnte, tat ich. Doch immer war da das Gefühl, dass irgendetwas hier nicht stimmt, dass ich etwas vergessen habe, dass ich chancenlos bin; als würde ich mich etwas entgegenstellen, was nicht dazu gemacht ist, dass man sich ihm entgegenstellt.

Ich konnte ihn nicht retten. Er starb in meinen Armen und ich konnte nur zusehen wie vor 30 Jahren, als ich meinem Vater beim Verbluten zusehen musste, und wie zweieinhalb Jahre vor Julians Tod bei eurem Bruder Luke. Auch hier kehrte ich mit leeren Armen aus dem Krankenhaus zurück, voller Trauer und voller Scham. Zerbrochen wie nach einer verlorenen Schlacht, einer Schlacht der Liebe und mit viel zu starken Gegnern. Ich habe alles versucht, um zu verhindern, was gar nicht in meinen Händen liegt, und hatte diese Vorstellung: „Ich muss nur stark genug die Augen aufmachen, schnell sein, bewusst sein, spüren, handeln und antizipieren, dann kann ich Julian retten."

Als ich so etwa zwölf Jahre alt war, schaute ich im Fernsehen den Film „Der Schimmelreiter" nach der Novelle von Theodor Storm. Mittendrin fragte ich meine Mutter: „Aber das geht doch gut aus, oder?" – „Nein", sagte meine Mutter, „der springt mit einem Pferd in die Fluten und stirbt." Ich konnte das nicht glauben. Es muss doch einen anderen Weg geben, dachte ich, oder vielleicht hat sich meine Mutter vertan. Ich schnappte mir, noch während der Film lief, das Buch und tatsächlich: Hauke Hein springt in die Fluten. Doch selbst es schwarz auf weiß zu lesen ließ mich glauben, dass das nicht tatsächlich passieren müsste. Also saß ich vor dem Fernseher und begann, mich ganz doll zu konzentrieren und innerlich zu beten; all meine Kraft floss in den Fernseher, in die Geschichte und in meinen Glauben, ein Happy End herstellen zu können. Als ich dann zusehen musste, wie der Schimmelreiter auf den Klippen steht, ins Meer schaut und dann die Sporen in die Flanken seines Schimmels rammt, wie das Pferd sich aufbäumt und mit seinem Reiter in den gemeinsamen Tod stürzt, bin ich fassungslos. Ich hatte tatsächlich gedacht, ich könnte das verhindern. Aber noch etwas ist da – ein vertrautes und doch überraschendes Gefühl: eine Ahnung von den Gefühlen, die ich vielleicht seit dem Tod meines Vaters hatte, aber auf jeden Fall Gefühle, die mich in der Zeit mit Julian immer wieder begleitet haben – das unlösbare Rätsel, der unbekannte Gegner, mein Wunsch zu retten.

Heute weiß ich, dass wir uns nur selbst retten können. Und als ich das begriff, habe ich damit begonnen. Und ihr wart mein Stern, der mir dabei den Weg wies. Denn ohne euch wäre der Funken Hoffnung um so vieles kleiner gewesen. Ihr seid das Licht, das Leben und die Kraft.

NACHWORT

Als ich das Manuskript von „360 Grad" las, fühlte ich mich, als würde mich der Mahlstrom der Ereignisse selber mit sich reißen. Obwohl ich ja zusammen mit meinem Mann etliches davon – wenn auch aus einer gewissen Distanz – miterlebt habe und um das Drama wusste, dass sich vor unser aller Augen in tödlicher Konsequenz entspann, konnten wir doch nur ahnen, was Katharina damals alles durchmachte. Es war kaum zu ertragen, auch wenn wir uns immer wieder in unsere Welt zurückziehen konnten. Das Unerträgliche war, sich vorzustellen, wie Katharina, mitgerissen von einer nicht enden wollenden Woge der Ereignisse, einfach immer da sein musste – MUSSTE! –, egal wie es ihr ging.

Nach der Lektüre ihres Textes kann ich es nun auch fühlen – wirklich mit-fühlen – und kann das Unfassbare doch nicht erfassen, das sie durchlebt hat: den viel zu frühen Tod ihres Sohnes und den Tod ihres Mannes, der vielleicht zu vermeiden gewesen wäre. Katharina geht all diese Ereignisse, von denen es zu viele gab, die zu schnell aufeinanderfolgten und die viel zu intensiv waren, in „360 Grad" nun mit dem notwendigen Abstand end-lich noch einmal in Ruhe durch – während sie wieder einen kleinen Jungen unter ihrem Herzen trägt. Sie durchlebt noch einmal die schweren Jahre, durchleidet sie wahrscheinlich sehr oft noch einmal, und schafft es, das, was sie damals einfach nur überwältigte und ihr oft genug gerade noch einen Autopilot-Modus erlaubte, nun endlich zu durchdenken, es einzu-ordnen, vieles einfach auch so stehen zu lassen und es auf diese Weise zu verarbeiten. Es wird deutlich, wie sehr sie noch einmal mit diesem Lebens-abschnitt ringt und wie sehr sie daran wächst und reift.

Mir stellt sich die Frage, ob Katharina es auch dann immer wieder geschafft hätte, ihren Kindern die Mutter zu sein, die sie brauchten, und dabei ihren Mann in den Tod zu begleiten, wenn sie nicht den „Anker" des Yoga und des Unterrichtens gehabt hätte. Jede Übungspraxis, vor allem aber jede Unterrichtsstunde, hilft uns ja, uns wieder anzubinden an ein Wissen, das alles umfasst und reflektiert und das alles enthält, was für uns Menschen wesentlich ist. Regelmäßig in das Wissen des Yoga einzutauchen heißt, sich immer wieder daran zu erinnern, was wirklich hilft – und worum es wirklich geht im Leben und beim Sterben.

Katharina hat ein Buch der Liebe geschrieben. Eine Liebe, die sich gleichermaßen erfüllte wie sich auch versagte. Eine Achterbahn der Liebe und der Gefühle. Eine Liebe, die sicher schicksalhaft war und nun in den beiden Töchtern von Katharina und Julian weiterlebt.

Katharinas Art der Reflexion macht spürbar, wie sehr sie es schafft, das, was war und ist, anzunehmen und die ohnmächtige Wut, die sie so oft ergriff, in Frieden zu wandeln.

„360 Grad" ist ein außerordentlich berührendes, oft verstörendes, aber im Endeffekt auch ein sehr tröstendes Buch, das uns einlädt, darüber nachzusinnen, wie wir wohl dem Tod im Leben – und dem Leben im Tod – begegnen würden.

Anna Trökes
28. Oktober 2016

ANMERKUNGEN

1 Es gibt drei Dinge im Leben, die ich tue, wenn mein Leben auseinanderfällt.
Nummer eins: Ich weine mir die Augen aus und trockne mein Herz.
Bevor ich das nicht getan habe, wird mein neues Leben nicht beginnen.
Also ist das das Erste, was ich mache, wenn mein Leben auseinanderfällt.

2 Dies ist die erste Strophe aus dem Song „Three Things" des Musikers Jason Mraz aus dem Album „Yes!", veröffentlicht 2014.

3 Es handelt sich um die Episode im Mahabharata, einem indischen Epos, in der Arjuna, ein edler Krieger, auf dem Schlachtfeld steht und in seinem Gewissenskonflikt Unterweisungen von Gott Krishna erhält.

4 Bharatanatyam ist ein klassischer Tanzstil aus Südindien. Er entstand in hinduistischen Tempeln, in denen Tänzerinnen die Götter mit ihrem Tanz verehrten und unterhielten.

5 Kalarippayat bedeutet „Kampfplatzübung". Es ist eine alte indische Kampfkunst, die ursprünglich in Kerala entstand und die noch heute in Südindien verbreitet ist.

6 Mata Amritanandamayi, auch Amma (Mutter) genannt, ist ein indischer Guru mit weltweiter Anhängerschaft. Sie hat ihr Leben der Aufgabe gewidmet, die Schmerzen der Armen und all derer, die körperlich oder emotional leiden, zu lindern. Ihr Markenzeichen sind Darshans (Zusammentreffen), bei denen sie jeden, der das wünscht, umarmt.

7 Ein Ashram ist ein Zentrum für religiöse Studien und Meditation. Jeder Ort, an dem sich spirituell Suchende versammeln, kann ein Ashram sein.

8 Sannyasin bezeichnet im Hinduismus einen Menschen, der der Welt entsagt hat, in völliger Besitzlosigkeit lebt und dessen ganzes Streben auf die Befreiung vom Kreislauf von Geburt und Tod durch Vereinigung mit Gott oder der höchsten Wirklichkeit ausgerichtet ist.

9 Beim Versuch der Geburtenkontrolle und der Minderung der Tötung von Mädchen bei Hausgeburten vergibt die indische Regierung in ländlichen Gegenden 1000 Rupien für die Entbindung im Krankenhaus, was zu überfüllten Kreissälen führt, in denen u.a. „Massen-Kaiserschnitte" durchgeführt werden.

10 Healthy Mother Wellness & Care

11 KiSS ist die Abkürzung für „Kopfgelenk-induzierte Symmetrie-Störung". Die Blockade
    der Kopfgelenke und die damit verbundene Verkrampfung und oft auch einseitige
    Verkürzung der sie umgebenden Muskulatur sowie die daraus resultierende Verhärtung
    der umliegenden Strukturen und Membrane haben für die KiSS-Kinder eine Vielzahl von
    Störungen zufolge. Problematisch sind neben den augenfälligen Symptomen wie dem
    vielen Schreien oder den Schädeldeformationen vor allem die Entwicklungsstörungen,
    welche oft weitere Komplikationen in den späteren Entwicklungsphasen des Kindes
    zufolge haben. (vgl. kiss-therapie.de)

12 Das Zweite, was ich machen würde, ist beide Augen zu schließen
    und meine Danksagungen an jeden einzelnen Moment in meinem Leben zu singen.
    Ich gehe dahin, wo ich weiß, dass die Liebe ist, und lasse mich von innen auffüllen,
    neue Kraft aus dem Schmerz sammelnd, bin ich froh, lebendig zu sein.

13 Dies ist die zweite Strophe aus dem Song „Three Things" des Musikers Jason Mraz aus dem
    Album „Yes!", veröffentlicht 2014.

14 Die Ärzte in Indien dürfen in der Pränatal-Diagnostik per Gesetz das Geschlecht des
    Kindes nicht preisgeben, da hier die Gefahr bestünde, dass Mädchen vor der Geburt
    abgetrieben würden. Ein Grund dafür besteht in der hohen Mitgift, die eine Familie
    der Tochter bei der Heirat zu leisten hat. In den vergangenen zwei Jahrzehnten sollen
    ca. zehn Millionen Mädchen abgetrieben oder getötet worden sein.
    (Quelle: strassenkinderreport.de; Stand: 08.09.2016)

15 ein chinesischer Kung-Fu-Stil

16 Eine spezielle Form der künstlichen Ernährung, bei der die Nährstoff- und Energiezufuhr
    unter Umgehung des Verdauungstraktes erfolgt.

17 Die Tragödie ist neben der Komödie eine der bedeutsamsten Formen des Dramas. Sie hat
    ihren Ursprung im alten Griechenland. Typisch für eine Tragödie ist, dass die Hauptfigur
    in einen schicksalhaften Konflikt gerät. Im Verlauf der Handlung verschlechtert sich
    die Lage des Protagonisten immer weiter, bis es schließlich zu dessen Scheitern kommt.
    Die Ursache für das Scheitern liegt meist in der Konstellation und dem Charakter der
    Hauptfigur selbst. Der Keim der Tragödie ist, dass der Mensch der Hybris verfällt und dem
    ihm vorbestimmten Schicksal durch sein Handeln entgehen will.

18 Die Palliativtherapie versteht sich als angemessene medizinische Behandlung von
    Patienten mit fortgeschrittenen Erkrankungen. Die Therapie zielt nicht darauf ab, eine
    Erkrankung zu heilen, sondern darauf, die Symptome zu lindern oder sonstige nachtei-
    lige Folgen zu reduzieren.

19 Die Philosophie des Yoga geht davon aus, dass alles eins ist und alles Getrenntsein nur
    eine Illusion. Gegensätze existieren entsprechend nur in der materiellen Welt neben-
    einander und heben sich im Zustand des Yoga auf – so auch der Gegensatz von Leben
    und Tod.

20 US-amerikanischer ehemaliger Profi-Radrennfahrer und Triathlet. 1996 wurde bei ihm
   Hodenkrebs diagnostiziert. Nach seiner Heilung 1998 kehrte er in den Profi-Radsport
   zurück und gewann zwischen 1999 und 2005 sieben Mal in Folge die Tour de France.
   Seine Biografie und seine sportlichen Erfolge nutzte er unter anderem für den Aufbau
   eines Krebsforschungszentrums in seinem Heimatstaat Texas.

21 In vielen Hospizen werden die Bewohner nicht Patienten, sondern Gäste genannt; ein
   Begriff, der viele des vorangegangenen langen Status des Patientenseins enthebt und die
   Station des Übergangs zwischen dem Leben und dem Sterben verdeutlicht.

22 Ein traditionelles indisches Gewand ohne Kragen, das meist von Männern getragen wird.

23 *Sri Ram Jay Ram, Jay Jay Ram* ist ein indisches Verehrungsmantra an die göttliche Kraft.

24 Mary Elizabeth Frye (1905–2004) schrieb dieses Gedicht 1932.

25 Steh nicht an meinem Grab und wein'.
   Ich bin da nicht, ich schlief nicht ein.
   Ich bin der tausendfache Wind, der weht,
   Der Schnee, der sanft herniedergeht.
   Die Regenschauer sanft und still,
   Das Kornfeld, das zur Reife will.
   Bin in der Morgenfrüh', der leisen,
   Bin in den anmutsvollen Kreisen,
   Die Vögel schön am Himmel drehen.
   Bin nachts als Sternenglanz zu sehen.
   Ich bin der bunte Blütentraum,
   Ich bin in einem stillen Raum.
   Bin in den Vögeln, die da singen,
   Ich bin in allen schönen Dingen.
   Steh trauernd nicht an Grabes Ort,
   Ich bin da nicht. Ich ging nie fort.

26 Laut den Upanishaden, alten indischen Schriften, ist es dem Menschen möglich, die
   letzte Wirklichkeit des Universums zu erreichen. Es geht darin um die Essenz und den
   Sinn des Daseins sowie um die universelle Weltenseele und die innerste Essenz eines
   jeden Individuums. In den Upanishaden wird die innerste Essenz als unvergänglich,
   unsterblich, unendlich, ewig, rein, unberührt von äußeren Veränderungen, ohne Anfang,
   ohne Ende und unbegrenzt durch Zeit, Raum und Kausalität beschrieben. Sie ist reines
   Sat-Chit-Ananda, reines Sein, Existenz an sich *(Sat),* Bewusstsein, Verstehen *(Chit)* und
   Wonne, reines Glück *(Ananda).* Der deutsche Philosoph Arthur Schopenhauer empfand
   die Upanishaden als „belohnendste und erhebendste Lektüre, die … auf der Welt möglich
   ist" und sagte außerdem: „Sie ist der Trost meines Lebens gewesen und wird der meines
   Sterbens sein." Ich habe die Ausgabe von Ecknath Easwaran in deutscher Übersetzung
   verwendet.

27 Pim van Lommel ist ein niederländischer Kardiologe und widmet sich seit 2003 der Bewusstseinsforschung und der Erforschung von Nahtoderfahrungen.

28 Die bekannte Psychiaterin Elisabeth Kübler-Ross (1926–2004) gilt als Begründerin der Sterbeforschung. Sie befasste sich intensiv mit dem Tod und dem Umgang mit Sterbenden, mit Trauer und Trauerarbeit. Für das Buch „Über den Tod und das Leben danach" beschäftigte sie sich mit Nahtoderfahrungen.

29 In dem Bild „Der Flug zum Himmel", entstanden zwischen 1500 und 1504, stellt der niederländische Maler Hieronymus Bosch (1450–1516) die Himmelfahrt der Verstorbenen als eine Vision himmlischer Freuden dar. Die Seelen der Toten entledigen sich ihrer sterblichen Hüllen und schweben durch die Nacht dem göttlichen Licht entgegen. Sie werden begleitet von zwei Engeln und ihr Blick ist dem Licht zugewandt. Der Tod wird hier als Tunnel aus Licht symbolisiert, an dessen Ende vertraute Wesen aus Licht warten.

30 in deutscher Fassung: „Das tibetische Buch vom Leben und vom Sterben" von Sogyal Rinpoche

31 Nadin Isu, *Heaven's Touch*, www.heavens-touch.de

32 „Wann immer du mich brauchst, werde ich dich trösten, ich werde der Wind sein, der uns trägt. Und ich werde dich halten und ich werde dich küssen. Wann immer du mich schrecklich vermisst, schließe deine Augen und fühle die Berührung des Himmels."

33 „Vergiss nicht zu lieben und zu tanzen, vergiss nicht die Möglichkeit zu ergreifen."

34 „Löwenzahn" ist eine Kinderserie des ZDF. Die seit 1981 laufende Sendereihe wurde bekannt durch Peter Lustig, der sie bis Ende 2005 moderierte. Im Vorspann der Sendung waren Straßen zu sehen, durch deren Asphalt Löwenzahn wuchs.

35 Eine schamanische Reise ist eine spirituelle Technik, bei der man angeleitet wird mit der „Anderswelt" (im schamanistisch geprägten Sprachgebrauch nennt man sie meist „Geisterwelt"; Carlos Castaneda nennt sie in seinen Büchern auch „die nichtalltägliche Wirklichkeit") in Kontakt zu treten. Mithilfe der schamanischen Reise kann man mit den verschiedensten Wesenheiten Kontakt aufnehmen und mit ihnen kommunizieren.

36 Das Dritte, was ich jetzt machen würde, wenn meine Welt zusammenbricht,
ist eine Pause zu machen, Luft zu holen, mich zu verneigen und das Kapitel
enden zu lassen.
Ich gestalte mir meine Zukunft strahlend und nicht von dem aus, was ich erlebt habe.
Und ich versuche es immer wieder.
Ja, ich versuche es immer wieder.

37 Dies ist die dritte Strophe aus dem Song „*Three Things*" des Musikers Jason Mraz aus dem Album „*Yes!*", veröffentlicht 2014.

DINGE, DIE WEITERHELFEN KÖNNEN

Bücher

Easwaran, Eknath:
Die Upanischaden. München 2008

Frankl, Viktor E.:
*Trotzdem Ja zum Leben sagen –
Ein Psychologe erlebt das Konzentra-
tionslager.*
München 2009

Kübler-Ross, Elisabeth:
Über den Tod und das Leben danach.
Güllesheim 2012

Middendorf, Katharina: 180 Grad!
Kindle Edition 2012

Middendorf, Katharina / Sturm, Ralf:
*Bereit für die Liebe! – Wenn du
denkst, es ist vorbei, fängt es eigentlich erst an.* Bielefeld 2016

Sogyal Rinpoche:
*Das tibetische Buch von Leben und
vom Sterben – ein Schlüssel zum
tieferen Verständnis von Leben und
Tod.* München 2010

Tolle, Eckhart:
*Eine neue Erde – Bewusstseinssprung
anstelle von Selbstzerstörung.*
München 2005

Van Lommel, Pim:
*Endloses Bewusstsein – Neue medizi-
nische Fakten zur Nahtoderfahrung.*
Ostfildern 2009

Musik und Hörbücher

Isu, Nadin:
Heaven's Touch.
www.heavens-touch.de

Radszun, Alexander / Trökes Anna:
Yoga der Upanishaden. (Audiobook)
Freiburg 2013

Texte

Middendorf, Katharina:
Yoga in Zeiten der Trauer und des Verlustes, in: Yoga aktuell 5/2015

Middendorf, Katharina / Sturm, Ralf:
Plötzlich alleine, in Yoga Journal 5/2014

Für Kinder

Bauer, Jutta:
Opas Engel. Hamburg 2003

Beuscher, Armin / Haas, Cornelia:
Über den großen Fluss.
Frankfurt am Main 2010

Erlbruch, Wolf:
Die große Frage. Wuppertal 2007

Loth, Sebastian:
Jolante sucht Crisula – Die Geschichte einer unendlichen Freundschaft.
Zürich 2010

Middendorf, Katharina:
Ewig Dich. (auf Anfrage per Mail: katharina.middendorf@gmail.com als PDF erhältlich)

DANKSAGUNG

Ich danke Ralf für seine Geduld und Liebe, meiner Mutter für die vielen unzumutbaren Stunden, Susanne Klein für ihre Intuition, Almuth Lohoff für die Begleitung durch Leben und Tod, Hanns Zischler für seine Großzügigkeit, Dr. Kalden für seinen Kampfgeist und Anna Trökes für ihren Glauben an mich. Ich danke der Gemeinde St. Marien für den Zusammenhalt in Zeiten, in denen alle das Schiff verlassen, Michaela Rose für den beruflichen Blick nach vorne, Kristina Schreitel und Gabriela Winnemöller für ihre Freundschaft, Caroline Löwenthal für die Erinnerung an Julian. Den Gastlehrern der nivata-Ausbildung danke ich für ihren Einsatz, um das Erbe der Stille anzutreten, und allen Spendern, die uns nach Julians Tod aufgefangen haben, Katharina Zeutschner und Hella Hampe.

ÜBER DIE AUTORIN

Katharina Middendorf ist Yogalehrerin, Autorin und Therapeutin. In ihrer Arbeit verbindet sie die Philosophie des Yoga mit der Psychologie des Lebens. Mit der von ihr gegründeten Yogaschule nivata (nivata.de) zeigt sie gefühlvoll und klar, wie Yoga in Umbruchsituationen wirksam gemacht werden kann. Als Heilpraktikerin für Psychotherapie setzt sie mit der von ihr entwickelten Yogatherapie ihr Wissen und ihre Erfahrung für den Gesundungsprozess des Menschen ein.

Katharina Middendorf lebt mit ihren Kindern und ihrem Partner Ralf Sturm in Berlin.